本书为教育部人文社会科学研究项目成果（项

黑龙江工业建设口述史

1949—1999

吴冠男 主编

知识产权出版社
全国百佳图书出版单位
—北京—

图书在版编目（CIP）数据

黑龙江工业建设口述史：1949—1999 / 吴冠男主编 . —北京：知识产权出版社，2020.12

ISBN 978-7-5130-7245-8

Ⅰ . ①黑… Ⅱ . ①吴… Ⅲ . ①工业建设－工业史－黑龙江省－ 1949-1999 Ⅳ . ① F427.35

中国版本图书馆 CIP 数据核字（2020）第 199318 号

内容提要

本书选取了黑龙江"一五"计划时期的 19 个工业建成单位，通过对工业建设中 45 位不同岗位、不同身份工业人的访谈，以叙事历史手法展开对中国东北工业基础及其工厂社区的建立、发展的民族志描述。追随而今古稀、耄耋的老工业人的记忆，听他们讲那些中国工业建设的故事，回顾中国革命与建设史中工人阶级群体的生产关系与社会关系，关注在计划经济时代工业生产中人的生活与工作样态、个人命运及内心冲突，以求凝练中国工业建设的精神实质、定位工业企业建设和发展的优势与传统，为东北工业和社区的转型与发展提供智力支持。本书适合口述史、工业史、社会学研究者阅读使用。

责任编辑：李海波　　　　责任印制：孙婷婷

黑龙江工业建设口述史（1949—1999）
HEILONGJIANG GONGYE JIANSHE KOUSHUSHI（1949—1999）

吴冠男　主编

出版发行：知识产权出版社 有限责任公司	网　　址：http: // www.ipph.cn
电　　话：010 － 82004826	http: // www.laichushu.com
社　　址：北京市海淀区气象路50 号院	邮　　编：100081
责编电话：010 － 82000860 转 8582	责编邮箱：lihaibo@cnipr.com
发行电话：010 － 82000860 转 8101	发行传真：010 － 82000893
印　　刷：北京中献拓方科技发展有限公司	经　　销：各大网上书店、新华书店及相关专业书店
开　　本：720mm×1000mm　1/16	印　　张：17.5
版　　次：2020 年 12 月第 1 版	印　　次：2020 年 12 月第 1 次印刷
字　　数：305 千字	定　　价：88.00 元

ISBN 978-7-5130-7245-8

出版权专有　侵权必究

如有印装质量问题，本社负责调换。

前言 Preface

黑龙江的老工业基地建设在中国的工业建设史上书写了重要的一页，不乏文献史、地方史志、各行业技术发展史等记述，但工业史不仅是客观的数字记录，也是千万个普通工业人的行动书写，是亲历者过往经历的交织。本书以叙事历史手法展开对中国东北工业基础的建立、工业发展历史的描述，成为回顾东北老工业基地建设史的独特视角。

为此，本书整理了对"一五"时期黑龙江19个工业建成单位（企业）的45位黑龙江老工业建设亲历者的访谈，重温黑龙江工业建设的历史，回顾工厂建设与产品生产，描述生产流程与技术改进，弘扬老工业人的付出和奉献。

访谈中涉及的问题主要有：参与工厂建设的生产要素结构与各行业生产的大体工艺流程，以及生产要素的组织方式与过程；技术革新的模式与关键要素，以及人在生产组织与技术改进中的作用；工业环境造就了什么样的工业人，以及技术进步和组织结构又如何影响人的生存境遇与职业成就；亲历者们是怀着什么样的信念参与了这场轰轰烈烈的工业大奋战，以及他们个人做出了怎样的牺牲，取得了什么样的成绩，等等。

访谈记录以企业为结构进行组织，即来自同一企业的访谈被集中编排，以给读者关于每个工厂建设的一个整体的印象，方便了解同一企业个案被访者之间的联系。企业所在地的顺序以工业重镇哈尔滨为首，兼顾齐齐哈尔、牡丹江、佳木斯等重要工业基地；以制造业为主，兼顾能源工业、重化工业、轻工业、材料工业等产业链条不同阶段的企业，以增强代表性与饱和性。

　　追随这些而今古稀、耄耋的老工业人的记忆，听他们讲中国工业建设的故事，理解浩如烟海的蓝图与工业技术史数字背后那些老工业人的叙事，以求发挥工业企业建设与发展的传统优势，凝练老工业基地建设的精神实质，为新一轮东北振兴下的企业改革与发展提供精神动力。

目录 Contents

01 **许寅松**
从海派青年到龙江老人，亲历阐释何谓坚守 / 001

人物介绍 / 002

编者絮语 / 002

访谈内容 / 003

企业介绍 / 007

02 **董寿松**
工作业绩与拼命程度成正比，与身体健康成反比 / 008

人物介绍 / 009

编者絮语 / 009

访谈内容 / 009

企业介绍 / 014

03 **苏荣和**
大时代工匠，经验训练的灵巧 / 015

人物介绍 / 016

编者絮语 / 016

访谈内容 / 017

04 闫世伦
奋进、追求、永不松懈的激情与大无畏的工人气质 / 024

人物介绍 / 025

编者絮语 / 025

访谈内容 / 025

企业介绍 / 028

05 陈永严
从没落贵族到人民工程师，历经大时代的人生起伏 / 030

人物介绍 / 031

编者絮语 / 031

访谈内容 / 032

06 李荣福
本真的善良、坚持真理是在任何时候都优于业绩的品质 / 038

人物介绍 / 039

编者絮语 / 039

访谈内容 / 039

07 卢长云
奉献是第一位的，不论个人是否有回报 / 042

人物介绍 / 043

编者絮语 / 043

访谈内容 / 043

08 赵雪荣
机遇、努力和成绩，都化在平淡的人生长河里 / 048

人物介绍 / 049

编者絮语 / 049

访谈内容 / 049

09 丘陆一
时代洪流下的低调人生 / 055

人物介绍 / 056

编者絮语 / 056

访谈内容 / 057

10 赵广志
能够逾越职业角色的人生态度和无法逾越职业角色的人生命运 / 061

人物介绍 / 062

编者絮语 / 062

访谈内容 / 063

11 卢智深
伟大成绩淹没在不可诉说的人生经历里 / 068

人物介绍 / 069

编者絮语 / 069

访谈内容 / 069

12 王成玉
本分、专注与超凡的耐心是一个工匠最精华的品质 / 074

人物介绍 / 075

编者絮语 / 075

访谈内容 / 075

13 王汉超
开朗乐观、有公差的生活态度和严谨认真、无公差的工作精神 / 078

人物介绍 / 079

编者絮语 / 079

访谈内容 / 079

14 吴永江
活到老，学到老 / 085

人物介绍 / 086

编者絮语 / 086

访谈内容 / 087

15 吴亚男
忠于时代的奉献 / 091

人物介绍 / 092

编者絮语 / 092

访谈内容 / 092

企业介绍 / 095

16 王桂琴
为爱情，为工作，做好自己 / 096

人物介绍 / 097

编者絮语 / 097

访谈内容 / 097

17 袁邦宪
一个工匠 70 年的职业坚守 / 103

人物介绍 / 104

编者絮语 / 104

访谈内容 / 104

18 戴景致
一代航空人，奋斗路上不停歇 / 111

人物介绍 / 112

编者絮语 / 112

访谈内容 / 112

企业介绍 / 116

19 李长海
大时代工人的素质在工业化组织和教育中养成 / 117

人物介绍 / 118

编者絮语 / 118

访谈内容 / 119

企业介绍 / 123

20 况作田
致力于技术变革的职业人生 / 124

人物介绍 / 125

编者絮语 / 125

访谈内容 / 126

企业介绍 / 132

21 张少洁
历经艰苦，回头却释然 / 134

人物介绍 / 135

编者絮语 / 135

访谈内容 / 135

22 佟 娟
不畏惧环境和条件的奋斗造就了脱颖而出的人才 / 138

人物介绍 / 139

编者絮语 / 139

访谈内容 / 140

企业介绍 / 142

23 黎世恭
工作的超高责任感与生活的超低满足欲 / 143

人物介绍 / 144

编者絮语 / 144

访谈内容 / 144

24 陈 洁
职业女性的工作与家庭 / 149

人物介绍 / 150

编者絮语 / 150

访谈内容 / 150

企业介绍 / 152

25 于振清 郭云辉
艰苦工作条件中磨炼出来的一代中国钢铁工人 / 153

人物介绍 / 154

编者絮语 / 154

访谈内容 / 154

企业介绍 / 159

26 赵德宏
企业兴衰等同国家命运,机器见证一代人的青春 / 160

人物介绍 / 161

编者絮语 / 161

访谈内容 / 162

27 周兴民
扎根边疆,人生境遇随工厂沉浮,是一生的最简概括 / 164

人物介绍 / 165

访谈内容 / 165

企业介绍 / 168

28 吴金龙
在战争中捡回来的命,一点点融化在北大荒的土地上 / 169

人物介绍 / 170

编者絮语 / 170

访谈内容 / 171

29 郭朝才
出身农场，却是一代工人的典型写照 / 174

人物介绍 / 175
编者絮语 / 175
访谈内容 / 175

30 张　志
我没有成绩，一辈子只培养了几千个农机手 / 180

人物介绍 / 181
编者絮语 / 181
访谈内容 / 181

31 王永岐
大工业下成长起来的一代，接棒工业建设、继承父辈遗志 / 185

人物介绍 / 186
编者絮语 / 186
访谈内容 / 186
企业介绍 / 188

32 韩景棠
从战斗英雄到工程研发的传奇，辐射爆表的人生能量 / 190

人物介绍 / 191
编者絮语 / 191
访谈内容 / 192

33 杨俊臣
党给的重生，我勤恳踏实地回报 / 197

人物介绍 / 198
编者絮语 / 198
访谈内容 / 198

34 赵述本
引一生奉献军工为傲，引全家奉献军工为傲 / 202

人物介绍 / 203

编者絮语 / 203

访谈内容 / 204

35 程俊英
默默工作、默默生活，亲身见证整个工业大时代 / 208

人物介绍 / 209

访谈内容 / 209

企业介绍 / 211

36 姜永礼
林业工人的苦与乐，我愿意向你表达 / 212

人物介绍 / 213

编者絮语 / 213

访谈内容 / 213

企业介绍 / 216

37 李 跃
投身化学工业，用肉体对抗，用精神筑碑 / 218

人物介绍 / 219

编者絮语 / 219

访谈内容 / 220

企业介绍 / 223

38 常 福
没戴过铝盔的泥瓦匠 / 224

人物介绍 / 225

编者絮语 / 225

访谈内容 / 226

39 王思钧
一代石油人，难以复制的丰功伟绩 / 231

人物介绍 / 232

编者絮语 / 232

访谈内容 / 233

企业介绍 / 238

40 杨程生　孙延飞
回不去的青春和回不去的故乡 / 240

人物介绍 / 241

编者絮语 / 241

访谈内容 / 241

41 吴明显
工业的本质是组织，编织了我的职业生涯 / 244

人物介绍 / 245

访谈内容 / 245

企业介绍 / 247

42 吕殿恒
工匠逆袭工程师的职业挑战与报亲恩的甜蜜负担 / 248

人物介绍 / 249

编者絮语 / 249

访谈内容 / 249

企业介绍 / 253

43 关书凯
生我养我的土地，我把一生美好都给你 / 254

人物介绍 / 255

编者絮语 / 255

访谈内容 / 255
企业介绍 / 260

参考文献 / 262

后记 / 263

01

许寅松

从海派青年到龙江老人，亲历阐释何谓坚守

● 人物介绍

许寅松，原哈尔滨锅炉厂工程师，曾任哈尔滨锅炉厂动力分厂厂长。

  我身边的劳动模范，工作业绩都是扎扎实实干出来的，就是自己练出来，苦干、认干。像焊接锅炉上的高压汽包，卷板器没有那么长，自动焊之前需要手工焊，里面边边角角的地方也都是手工一节一节焊起来的，连接的底要钻进去，完了才能上自动焊，钻进去焊的都玩命的，寿命都受影响，我车间的林永胜就是劳模。汽包焊焊工10年必须换岗位，都锰中毒，虽然有抽风机。电站焊，人也得上去，汽包经煤气炉加热到超过200℃，铺上石棉布就上去，十几分钟就得下来，劳模都是这样苦干出来的。
  只是因为社会普遍的技术水平才限制了我们厂的产品水平，我们自己是足够努力的。举个例子，只有社会上整体的材料技术先进了，家庭装修才能提高档次；如果社会提供不出新的技术材料，你要搞高档装修，你可能就得去国外买，或者根本办不到。
  我们设计处、工艺处的人，工作一干就是一辈子。

● 编者絮语

  在黑龙江老工业基地中，哈尔滨汽轮机厂、哈尔滨锅炉厂、哈尔滨电机厂因为提供电站装备，被称为三大动力企业。企业拥有核心技术的优势或可弥补地理位置的不足，而掌握技术的人才更为关键。通常伴随着大规模工业投资的，是不同方式的人才引进政策和人才稳定政策。千千万万出生、成长在南方的人，却把他们的一辈子都放在了东北。
  以下文本根据叙述者语言习惯，将哈尔滨锅炉厂简称为哈锅。

访谈内容

吴冠男 您作为中国自己培养的工程技术人员，黑龙江老工业基地建设的亲历者，奉献了自己的青春，能谈谈您的成长和工作经历吗？

许寅松 我是1944年出生在上海，1964年上海机械学院中专部毕业，现在叫上海理工大学。我学热工装备的，分到哈锅，但我没有搞锅炉，我搞的是装备系统，其实就是动力系统。我们东边是哈尔滨电机厂，西边是哈尔滨汽轮机厂，我们在中间，这三个动力厂生产用的煤气，都由我们供，氧气乙炔是自己的，煤气是供三家的，热处理、机械加工的加热用气都是我们供。煤气加热比较先进，一般是煤，冷加工的机械制造需要热处理，煤气主要是给炉子，我们炉子到汽轮机转动以后给发电机发电，所以我们是电站集团，都是苏联援建的。三家一起建设起来的，缺谁也不行，员工也都是全国来的，除了苏联代培的一小部分以外，上海来的很多。

吴冠男 您作为一个上海人，很典型的南方人，您愿意来东北吗？

许寅松 我们这一代人不存在这个问题，刚解放，国家培养的，分配到哪儿，没有讨价还价的，那时候都是企业单位或者工业部和学校要人，学校指定谁去哪里。我们毕业看榜，几号到几号到哪儿去，直接领服装补贴就走。

吴冠男 国家分配工作，企业单位要人有没有原则？

许寅松 三大动力企业属于一机部，我们那个学校也属于一机部的，一个班20多人分到全国各地，都是在一机部所属企业内部分配。

▶ 一机部：全称第一机械工业部，成立于1952年8月，是从中华人民共和国成立初期的重工业部中分离组建的，负责民用、电信、船舶工业，后逐步组建了八个机械工业部，各有职责划分和隶属。1998年3月，国务院机构改革取消了机械工业部。

吴冠男 您来的时候心情怎样？

许寅松 参加工作很高兴，我一个人来，上海到哈尔滨没有直达车，沈阳倒车来的。我从火车上下来，行李是一个箱子、铺盖，直接到哈锅时是早上5点钟，赶上厂里休息，但有人接待。香坊这儿那时候只有两路公交车，10路公交到道外，有轨（电车）到道里，其余都是马车。

吴冠男 您来这儿专业对口吗？

许寅松 是的，对口，煤气站，我们就是热工装备里的热工装备。（笑）因为锅炉本身就是热工装备，我们就是给它提供动力。

吴冠男 什么时候工厂开始组装第一批产品的？

许寅松 我记得是 1957 年。

吴冠男 您在哪个车间工作？

许寅松 我是 24 车间，后来改成气体燃料分厂，后来是动力分厂。

吴冠男 您属于技术干部吗？

许寅松 是，当然是，我是大学毕业分配来的，技术员。但是技术员来了也是先下车间，本科毕业生在车间待一年，中专毕业生待两年，车间有师傅带，工人带着实习，技术组有老技术员带。我们是一个岗位一个岗位地实习，岗位很多，煤气站、发生炉、机器间、水泵站、检修组、水处理，等等。

吴冠男 工厂的技术规程是直接学的苏联的技术规程吗？

许寅松 三家（三大动力）所有厂家的设计图纸包括技术规程都是苏联建制。我们厂 1954 年建厂，1957 年出产品，开始很小，5 万（千瓦）规模的机组。上海（锅炉）厂就不一样，它不是 156 项工程，是地方组建的，它的规模没有这个（哈尔滨锅炉厂）大，但是逐渐学习我们的模式，规模逐渐变大的。它按照我们这儿的发展模式，开始在市区，后来迁到闵行，也把若干小厂迁到一条街，他们曾经来这里学习，是一机部派的，是通过上海市找到一机部的。但是基本化工容器、锅炉辅机方面，我们是排头兵。

▶156 项工程：1953—1957 年国民经济第一个五年计划（简称"一五"计划）时期取得苏联援助的重点工程项目。这些工程项目的建设实施，以及对其他工业投资项目的带动，掀起了中国工业化浪潮，奠定了中国的工业基础。

吴冠男 不仅仅是民用工业吧？含有国防工业的成分吗？

许寅松 50 年代有军品，主要是海军。军品都不大，但是要求动力高。汽轮机可以做燃气轮机，用在飞机轮船、核能发电等方面。

吴冠男 您工作岗位是？

许寅松 动力运行。辅助车间的一线，对于锅炉来说是二线。

吴冠男 您一直在这个岗位上没有动？

许寅松 是的，我工作几十年都是这个岗位，设计处、工艺处的人，都是一干就是一辈子，别的没地方可去。

吴冠男 锅炉设计上有技术革新吗？

许寅松 主要是工艺方面的，咱们工厂的创新还是比较频繁的，电站产品我们是国家技术创新代表。90 年代之前都是苏联的技术框框，60 年代之前外国专家在，不许你动，苏联专家走了之后我们反而自己能动了，我们创新以后，技术革新促进了生产效率。90年代以后，我们开始转向欧美更先进的技术方向，自己的创新就更频繁了。

吴冠男　装备方面五六十年代比较领先，后来还有技术改进吗？

许寅松　应该说技术革新一直没有停。工艺和装备都有。

吴冠男　70年代以后的技术改进很困难吗？

许寅松　是的，那时候刚能做10万（千瓦）机组的产品，都得自己琢磨。

吴冠男　对于工厂来说，有没有受到外界环境干扰停产过？

许寅松　我们是标准国企，是一机部企业，国家订单，完不成生产任务不行，没有材料一机部给，后台硬，所以生产绝对不能停。

吴冠男　您觉得工厂中的工人素质高吗？您怎么看待工人气质？

许寅松　我觉得大企业的工人素质就高，（缘于）党的教育，工人相信毛主席，我们都相信毛主席。

吴冠男　您是党员吗？

许寅松　我是，我1985年入的党。1986年我提干了，做了分厂副厂长。

吴冠男　您技术职称是？

许寅松　高级工程师，1993年评的高级工程师。

吴冠男　能谈谈您身边的劳动模范吗？

许寅松　他们都是工作中扎扎实实，一点儿一点儿干起来的，就是自己练的，自己干出来的，能苦干的。像高压汽包，卷板器没有那么长，自动焊以前，里面都得手工焊，都是一节一节焊起来的，玩命的，连接的底要钻进去，完了才能自动焊，进去焊的都玩命的，寿命都受影响啊，我车间的林永胜就是劳模。汽包焊焊工10年必须换岗位，都锰中毒，虽然有抽风机。电站焊，人也得上去，汽包经煤气炉加热到超过200℃，铺上石棉布就上去，十几分钟就得下来，劳模都是这样苦干出来的。

吴冠男　您觉得在工厂管理中，生产运营方面什么最重要？

许寅松　是不要靠人，是自动控制上最重要。

吴冠男　对自动控制的技术改进应当属于装备方面的吧？

许寅松　是的。

吴冠男　你们在工厂整个技术发展历史中，工艺改进多还是装备改进多？

许寅松　工艺改进为主。搞热工仪表的人转为搞自动控制，进行技术革新，这条路比较现实。工艺上有工艺处，设计处设计产品，工艺处研究采取何种工艺、手段。

吴冠男　装备上如果不采买国外装备，靠我们自己革新能不能达到国际先进水平？

许寅松　那得看社会的整体的技术水平。

吴冠男　装备上，厂里有人做把新的技术应用到生产上面来的工作吗？

许寅松　有人做。举个例子，只有社会整体的材料技术先进了，家庭装修才能提高档次；如果社会提供不出新的技术材料，你要搞高档装修，你就得去国外买。70年代我们抛弃单一的苏联技术，引用美国技术，因为70年代开始苏联技术也逐渐衰落，法国技术的要价太高，中美刚建交，有点儿相互示好的意思。开始时派人去学习，然后才能有一点儿实践。汽轮机是西欧的技术。

吴冠男　苏联、美国、西欧，用那么多标准，相互之间能接口吗？

许寅松　不能，苏联的产品是比较抗造、冗余，还大，美国比较精致，体积小。

吴冠男　国内同类企业情况怎样？

许寅松　上海后来居上，速度比我们快，但是创新还是在我们这儿，凡是在我们这里的都是别人干不了的，要想生产出来你得有装备，装备不是一下子能建成的。

吴冠男　哈尔滨厂有大三线吧？咱们支援建设的三线厂在哪儿？

许寅松　四川自贡，电机厂三线在绵阳，是哈尔滨和上海合着弄的。四川厂的厂区布局比较分散，各厂区不在一起，地理或者军事需要嘛，生产起来就比我们成本高，我们比上海（生产成本）高。

▶三线：又称三线建设，按照中共中央和毛泽东主席部署，国家建委于1964年开始的国防工业布局的一次战略大转移。它是在冷战国际形势紧张的环境下为加强战备进行的东部沿海城市工业向西部山区转移的战略调整。一般由东部大型企业无偿提供人才、装备、技术上的援助，客观上促进了国家西部工业化进程，但是一定程度上伤害了东部工业基础，三线建设历经16年，在西部地区建立起了1100多个大型工矿企业和科研院所。三线分大三线和小三线，在一、二线地区腹地的建设叫做小三线。

吴冠男　工厂生产原料从哪里来？

许寅松　主要是进口，70年代（锅炉上的）管子是日本、德国进口的。

吴冠男　我们自主生产的无缝管呢？我们很早就有无缝管厂啊！

许寅松　质量、产量都不行，主要是质量不行。

吴冠男　建厂初期的锅炉钢板也进口吗？

许寅松　是的，10万、20万（千瓦机组）的材料要求高，就都进口。改革开放以后就用国产了，国产质量水平上来了。

吴冠男　哪个阶段生产任务比较重？

许寅松　跟全国一样，全国好我们就好，别人没活儿干的时候，我们从来没停过，至少一直有出口任务，从一机部直接下来的订货，一机部直接出口，我们其实是靠国家吃饭的（计划生产）。

吴冠男　企业订单订货主要来自哪里？靠什么生存？

许寅松　以前都靠一机部，现在自己是经营主体了，靠自己。

吴冠男　哈锅的技术人员流失严重不严重？

许寅松　我感觉不严重。出去没处去啊，毕竟我们是一家独大。

吴冠男　您对自己工作的一生有总结和反思吗？

许寅松　我参与编写了哈尔滨锅炉厂的技术发展史，就是这本书，可以借给你看看。

吴冠男　感谢您！也感谢您接受我的采访！

2017 年 8 月 9 日于哈尔滨市香坊区

企业介绍

哈尔滨锅炉厂：始建于 1954 年，是国民经济"一五"计划时期苏联援助的重点工程项目。它以设计制造火力发电机组锅炉为主导产品，并设计制造配套辅机、石化容器、工业锅炉及军用锅炉等产品，是中华人民共和国成立初期国内生产能力最大、最具规模的发电设备制造企业。

02

董寿松

工作业绩与拼命程度成正比，与身体健康成反比

人物介绍

董寿松，1938年生，武汉机械学院机械专业毕业，原哈尔滨汽轮机厂工程师。

我在技术处搞过几个改造，氧气站的模压机我改造了，获奖了；还有改造工业氧为医用氧，为医院、家庭提供产品。我是医用氧的副总工程师，全省都用我们气体厂的氧气，把氧材料变为液体，挥发后变医用氧，挥发以后特别干净。还有压缩罐装方面的改造，这些都是小的方面，以前家庭用氧气都是袋子的，现在有小瓶子。那时候没事就琢磨改造，但都是小的，得了几个厂子和省里的发明证书。

作为南方人，吃的肯定不习惯，来了都吃粗粮，在家都吃大米白面。来了发票，一个月2斤大米加8斤面，剩下都是粗粮，几年以后，特殊照顾南方人，给30斤大米，只给南方人。

现在身体不好主要是年轻时候工作太累，我年轻就有高血压，遗传性的，工作一忙就不在乎了。

编者絮语

老先生很瘦，但是神采奕奕，眼神带着光芒，虽然依靠助行椅走路，但是依然听歌、去客厅看电视。在这个养老院里，像他这样能够生活自理的不多。

访谈内容

吴冠男　董先生，您好，您今年多大年龄？

董寿松　我今年79岁，我是哈尔滨汽轮机厂的，后任黎明气体公司技术负责人。现在已经退休了。

吴冠男　您身体情况怎样？

董寿松　我肾脏不好，经常透析，一星期三次去医院透析。

吴冠男　您是什么时间到哈尔滨汽轮机厂的？

董寿松　我是1968年来的，三大动力工厂的头一家，我是武汉机械学院毕业分配来的。

▶三大动力：第一机械工业部所属三个电力装备企业，即哈尔滨汽轮机厂、哈尔滨锅炉厂、哈尔滨电机厂，简称三大动力。本书以下部分遵照当地口语习惯，将三个工厂简称为三大动力。

吴冠男　您是本科毕业吗？

董寿松　是本科。

吴冠男　那您是哪年考的大学？

董寿松　我1963年考的大学，那时候大学学制五年，我是学机电的，专业对口，但是来了在动力处，我在动力车间。动力车间有锅炉、氧气站、乙炔站、煤气站、高压电、弱电，动力处一共有400多人。我刚来时候在空压站，一年以后我到了动力处技术组，在这儿干了10多年，做了处长，工厂里的处长就是多管事，哪里坏了，我就去处理。那时候忙得脚打后脑勺，身体有病也没有时间看，就把身体耽误了，1999年我得过脑出血之后就内退了。我干了33年，正处级退休的，但是我职称不够，毕业5年之后我就是工程师，后来考高工的时候我有病住院了，就没有考。

▶高工：高级工程师，工程类高级专业技术职称，是工厂、企业中技术人员评价的技术职称。工厂中的技术人员职称在20世纪50年代采用任命方式，改革开放以后开始采用评定制。

吴冠男　您老家是哪里的？

董寿松　我家是武汉的。

吴冠男　那您是自己一个人来东北的吗？

董寿松　我自己一个人来的，1971年我在东北这里找对象结了婚。家里有兄弟姐妹八个，我是老五，单枪匹马的，有孩子了，就回不去了，老婆2009年癌症去世了。

吴冠男　哈尔滨汽轮机厂和哈尔滨锅炉厂产品都是电站的组成部分？

董寿松　是的，但是哈尔滨锅炉厂是民用锅炉也能做，啥都能做；我们就是电站，为电站服务的。

吴冠男　您多年工作，在技术改进上都有哪些经验？

董寿松　我在技术处搞过几个改造，氧气站的模压机我改造了，获奖了；还有改造工业氧为医用氧，为医院、家庭提供产品。我是医用氧的副总工程师，全省都用我们气体厂的氧气，把氧材料变为液体，挥发后变医用氧，挥发以后特别干净。还有压缩罐装方面的改造，这些都是小的方面，以前家庭用氧气都是袋子的，现在有小瓶子。那时候没事就琢磨改造，但都是小的，得了几个厂子和省里的发明证书。

吴冠男　您是正处级主任吗？

董寿松　我是正处长，还有几个副处长。

吴冠男　我注意到您是1968年毕业，发毕业证了吗？

董寿松　发了，叫武汉机械学院，后来把我们合并到华中工学院了，叫我们去华中工学院办了毕业证，通知去把原来的毕业证换成华中工学院的毕业证了。

吴冠男　也是部属院校吗？

董寿松　机械工业部的。

吴冠男　你们同学一起来哈尔滨汽轮机厂的有几个？

董寿松　6个，一起来了6个，后来有想办法（请托关系）调回去的。

吴冠男　那其他同学去哪里了？

董寿松　四川绵阳、德阳，东方汽轮机厂。

吴冠男　东方汽轮机厂是哈尔滨汽轮机厂的大三线厂吧？

董寿松　是的。

吴冠男　您来这里生活习惯吗？

董寿松　一开始不习惯。我们来的时候经过北京，听说这里冷，就在北京买了长大衣、大棉袄、皮帽子，到这儿来，正赶上12月，冬天。不来不行，不来就取消分配资格，来了以后在火车站挂电话，哈尔滨汽轮机厂派了个大客车把我们接来了。

吴冠男　吃的习惯吗？

董寿松　作为南方人，吃的肯定不习惯，来了都吃粗粮，在家都吃大米白面。来了发票，一个月2斤大米8斤面，剩下都是粗粮，几年以后，特殊照顾南方人，给30斤大米，只给南方人。

吴冠男　有没有嫌这里条件艰苦回去了的？

董寿松　有，但不多。

吴冠男　好在这里供暖，不长冻疮。您一直在动力处工作？

董寿松　是的，中间有一段时间氧气车间改成医用氧气总公司，我在那里待了6年，开发那个医用氧。

吴冠男　您得病是因为职业病吗？

董寿松　不是，现在身体不好主要是年轻时候工作太累，我年轻就有高血压，遗传性的，工作一忙就不在乎了。整个黑龙江的医用氧气供应都是我们的，我们还负责培训，还在沈阳、北京有分销点，经常出差、培训，忙的累的。有一天早上起来不行了，上医院，说脑出血，要大揭盖（开颅手术），我孩子不同意，就要保守疗法，我半身不遂了，住了几个月院，又针灸康复几个月。现在透析，一柜子药，透析完血压就能降下来。

吴冠男　您当处长的时候还有书记吗？同事关系怎样？

董寿松　我兼任了几年书记，那个年代，同志之间关系都挺好。

吴冠男　您做技术改造的时候工人参加吗？

董寿松　参加。

吴冠男　技术改造项目是怎么组织实施的呢？

董寿松　技改的项目被提出以后，技术组的人（工程技术人员）和工人一起搞，技术出方案，找工人试制，实验，再反复。如果成功以后就上报，评奖，获奖也就300或400元钱，大家每个人也就50元，吃顿饭。

吴冠男　您有什么信仰吗？

董寿松　我是共产党员，我是1968年来的，我写了申请交给党组织，1970年我就入党了。

吴冠男　您来的时候工资多少？

董寿松　我来时46元，隔了一年涨了10元，56元。之后10多年没涨，再之后每次涨15元，坐那里开会评选。到我退休的时候，我是领导，也就比别人才高几十元，才1070元，那是2001年。退休到现在，职称高的给涨的退休金多，超过了我，我4200元，同样的高工开6000多元。

吴冠男　您来哈尔滨汽轮机厂的时候，哪里来的毕业生多？

董寿松　上海的多，中专生多。

吴冠男　老企业中，中专生比大学生升得快？您觉得这是什么原因？

董寿松　中专生在基础岗位上，干得多，但是评职称的时候要本科，中专生一般评不上。

吴冠男　您在工厂的时候，中专生与本科生比例大概是怎样的？

董寿松　大约2∶1。

吴冠男　工人里转业兵多吗？

董寿松　多，招工也有。我来的时候，动力处处长李天富是中华人民共和国成立后清华大学第一届毕业生，广东人。他那时候30多岁，是工厂的总动力师。我后来接了他的工作，当总动力师。

吴冠男　总动力师是不是副厂级？

董寿松　不是，总工程师是。

吴冠男 动力车间除了氧气、煤气、电，还有什么？

董寿松 再就是运行站的设备，仪表也管，工厂有总的仪表处，简单的故障检修就我们自己整，复杂的就是他们（仪表处）整。

吴冠男 我听说煤气供应都是哈锅的？

董寿松 是的，用他们煤气站的，氧气都是我们的，我们后来成立黎明气体公司，三大厂的氧气都由我们供了，黎明气体就是我整的。我当时选地址，就选的黎明（乡），开始就在氧气站搞，设备什么的都在氧气站，后来选地址，选的黎明（乡）那里。

吴冠男 搞这个有什么困难？

董寿松 没有技术困难，我们自己的技术，只要有钱就行，领导也支持。

吴冠男 资金怎么解决？

董寿松 一开始黎明气体公司跟工厂有一定关联，要钱要设备都给，我们就是负责解决技术问题。

吴冠男 黎明气体公司的产量规模多大？

董寿松 24小时不停产，开始就自己用，后来全省所有医院都用。

吴冠男 氧气产品的质量标准怎么定？

董寿松 我们自己定，有实验室化验，医用氧要干净，不能有杂质，挥发的气体最干净。前几天我手下的一个现在管黎明气体公司的生产负责人来看我，那时候20岁，现在50岁了，技术也行，为人也好。他内退了就在这里（黎明气体公司）工作。

吴冠男 你们那个年代忙工作，能管孩子吗？

董寿松 不管，没时间。现在的父母都管，我孩子的孩子都是爸妈周末接送补课的。跟那时候不一样了，那时候都一心扑在工作上，家庭生活上都是对付。

吴冠男 您要保重身体！有时间我再来看您。

董寿松 好的。

2017年10月11日于哈尔滨市香坊区

企业介绍

哈尔滨汽轮机厂：早年被誉为中国三大动力企业之一，1954年6月获批，1954年9月开始建设，是国民经济"一五"计划时期苏联援助的重点工程项目，是生产制造汽轮机（透平机）的国有大型设备制造企业。1958年9月29日，中国第一台2.5万千瓦汽轮机在这里设计、制造成功。它通过逐渐扩大生产能力，生产核电汽轮机、舰船主动力蒸汽轮机和重型燃气轮机组等，为电站、核工业、舰船提供装备。

03

苏荣和

大时代工匠，经验训练的灵巧

人物介绍

苏荣和，原哈尔滨电机厂机修车间工人。

刚进厂那时候，师傅说你去给我取个垫圈，我当时也不懂φ，多大的，公制的、英制的都不懂。我们后来学习发现，东西都有学名，螺丝刀子叫改锥，油石叫纱条。

学习不脱产，下班以后，搞党团活动，技术培训都是业余时间。我们在文化官上课，学液压知识，是报名学习，厂子出手续，学费还得自己交呢。老师现场拆电机，中学物理不愿意学，但是这个愿意学。开始学机械制图，慢慢地就接受了，因为一边干活儿，一边学，记忆就好，要是光念书，就没印象、不理解，就挫败。

干啥研究啥，人都有上进的心理。废品堆里捡到这个，捡到那个，不定谁能用上，机修这里都是好鼓捣的人。其他的车间里，车工就是车工，铣工就是铣工，不能串岗，机修车间不一样，一上（车）床子就全都会了。

编者絮语

这是一个爱琢磨的能工巧匠，所谓工匠精神，我大抵觉得不是流水线上的重复操作，反而关注那些手工的、机修的，或带一点儿小改进的工艺。我一直在想一个问题：为什么有的工人就在一个岗位几十年，难以获得技术进步和成长，而有的工人却能够在工作中不断学习进步，甚至超越工人岗位进入管理或者研发过程之中？聊天中，他道出了岗位和工人学习成长之间的关系。

以下文本根据叙述者语言习惯，将哈尔滨电机厂简称为哈电。

访谈内容

吴冠男 苏师傅，您好，请问您是哪一年参加工作的？

苏荣和 我是1967年来哈尔滨电机厂工作的。我初中没有毕业呢，不愿意念书了，小时候总逃学。

吴冠男 不是一般都能初中毕业吗？

苏荣和 是，因为我就是在哈尔滨电机厂的家属区长大的，我父亲他们是工厂老一代人了。但是那时候叫公社、分社，就是现在的街道办，公社是动力区的，我们这里的都是电机厂分社。分社的年轻人总在一起玩，分社就有厂里的年轻工人，我喜欢踢球，有时候背书包就去踢球，在劳动讲习所，我跟他们老师就都熟悉了。那时候说我是分社里的青年，老师们也就知道了，一介绍说工厂招工，就给写了个条子，油印的，盖着红章的，我就要了一张。因为从小就在家属区，家属区熟悉的人很多，我就去了，政审看看出身，体检，一个多月的时间。没问题就通知报到，我们这批南岗（区）、道外（区）来的挺多。

吴冠男 招工里有没有部队复员转业的？

苏荣和 和我一起的有1969年当兵到1971年转业的那批，转业的就是巴彦县的、尚志县的，等等，外县也是先回县里，再招来的。还有我们技校的，技校办中专，相当于高中毕业，大学漏子，后来给承认了大专学历进厂的，也有一批。

吴冠男 那您那批进厂的有三部分人？

苏荣和 嗯，零星的也有点儿别的招的。当时我来这儿上班了，又回学校退学去了，老师说你别退了，等分配吧，估计能分配。当时老师都挺好。到1968年大批下乡，就不能上班了。

吴冠男 您上的是哪所学校？

苏荣和 49中。原来没有，是从9中分出来的，原来区政府那个楼就是，学校就一个楼。我在那里念的书。

吴冠男 那老师劝您，您也没有继续读书？

苏荣和 没有，当时老师叫马志仁。当时老师跟农民似的，我记得讲"向语文进军"。我说不念书了，班主任没同意，我就找年级主任去了。这时候已经开始下乡了，报名去省内边远地区，我是家里就一个（独生子），所以不动员下乡。当时有小打小闹进补习班的，一般下乡的多，当时都是插队去了。

吴冠男 您进厂在哪个车间？

苏荣和　线圈，叫三车间。

吴冠男　进厂有培训吗？

苏荣和　开始就安全教育，后期就培训、考试比较多了，年年都考。学习不脱产，下班以后，搞党团活动，技术培训都是业余时间。我们在文化宫上课，学液压知识，是报名学习，厂子出手续，学费还得自己交呢。老师现场拆电机，中学时代学物理不愿意学，但是这个技术愿意学。开始学机械制图，慢慢地就接受了，因为一边干活儿，一边学，记忆就好，要是光念书，就没印象、不理解，就心理受挫败。

吴冠男　师傅教的多吗？

苏荣和　刚学徒时候师傅根本不教啊，那时候师傅干活儿，说你去给我取个垫圈，当时也不懂φ，多大的，公制的、英制的，螺丝也不懂。我们后来学习发现，行话都比较准确，东西都有学名，螺丝刀子叫改锥，油石叫纱条。

吴冠男　为什么中学的时候不愿意学，现在就愿意学了呢？

苏荣和　现在要用啊，天天接触，上学时候刚学一点儿，1966年以后就不愿意念书了。我也就相当于初一。

吴冠男　工厂里的师徒关系怎样？

苏荣和　还可以。我记得干活儿的时候，六到七锤子就得把料角铲掉，铁板越粗越大越不好整，容易伤手，轻了掉块皮算好的，重的手就肿了。用锯和锉刀，必须有技术，手工做，我们修理工嘛，都是靠眼、线、看图修理，看图还得学透视呢。

吴冠男　您学得困难吗？

苏荣和　不困难，我要是企业管理班继续念，都能把大专证拿下来。

吴冠男　"七二一"大学您去没？

苏荣和　没去，但是有愿意去的，他们文化水平比我高。

吴冠男　有没有技校毕业进厂的？

苏荣和　有，技校有学金工的、学机加的，都有。

吴冠男　技校毕业的工资跟你们一样吗？

苏荣和　没我们高。工资跟工作年限走。

吴冠男　对于大多数工人来说，工作干得怎么样？

苏荣和　那不好说，工种不一样，人也不一样。

吴冠男　生产当中，每一次生产任务，你们知道生产或者工作计划吗？知道产品的用途和属性吗？

苏荣和　知道，大体知道干什么用的，用在哪儿，有工作号。规程之中有每一道工序的时间限制，交工成品比如绕制线圈要多久，投入流程就有一个固定的期限，要不耽误下一个工序。

吴冠男　工厂最多时有多少人？

苏荣和　最多有 12700 多人。

吴冠男　各个部门是什么结构的？

苏荣和　那阵叫车间，车间主任，车间下边有工段，各个工段有工段长，下边是班组长。

吴冠男　倒班吗？

苏荣和　我们两班倒，手工作业不能三班倒，后来用机器以后三班倒。用沥青浇线圈，罐子里都加热，靠热量压缩，这是早期的技术。模压用模子压，冷却后固化，这是后来的技术。模压也是非常精确，非常细密，我们产品质量是超过国家标准的。

吴冠男　工艺改进一般在什么时间？

苏荣和　陆续地改，比如开始一直是人力绕线圈，后来机器绕线圈。70 年代改液压的，我记得一机部来的一个老太太，技改就做的油压机，我那阵学的油压机，80 年代就有更新的技术了。线圈一圈一叠，焊角，油缸转角，拉直，转角，一层层叠。那时候还没有那么精，转角设备全国就两台，德阳有一台。

吴冠男　这个设备是哪里来的？

苏荣和　苏联的，但是原来一直趴窝，我们自己改造才使用上，丁字形长条。大小车来回缠绕，技术改造以后，苏联专家改造也没有改造好，后来我们费了好大劲（改造）。

吴冠男　油压机哪里来的？

苏荣和　自己做的，咱们委托非标件厂定做的。我都去过，北京大兴、（吉林）四平都有液压的厂。不能做多少定多少，这边干活儿呢，万一坏了换件什么的，所以要多定。当时从自行车厂借来一个，一直都没还。

吴冠男　技术改造谁组织实施？

苏荣和　主要是车间技术员。原来技术员少，电工学院、夜校的都有，只要聘了就可以。90 年代，经济师全省统考，但经济师不如工程师，工程师都有论文或者技改成果。

吴冠男　评工人级别怎么评？

苏荣和　工人班组评，报到工段。工段长给名额，大家说谁工作辛苦一些，把名额排出一、二、三、四，再联评。

吴冠男　您刚上班涨工资频繁吗？

苏荣和　我10年没涨工资，我比1958年进厂的（那批工人）高半级，10多元钱。1958年那批工人退休不到1000元，还没赶上养老保险实行，年金没有那么多。

▶ 1958年是因工业投资追加，扩张招收工人，超指标用工较多，后来一部分通过20世纪60年代的下放回到原籍。

吴冠男　机修岗位接触各种规格的产品比一般生产工机会多是吗？

苏荣和　是的，当然是，一般生产工就不行，我是机修的，接触机会就多。

吴冠男　车间技术员有多少？

苏荣和　五六个。车间一共是462人，已经是小车间了。

吴冠男　你们看的图纸是什么样的？

苏荣和　蓝图，晒的图也有，技改的图纸版本就更多了。

吴冠男　你们工作时的任务量重不重？

苏荣和　没感觉特别重，还可以，可能是那时候比较年轻。

吴冠男　您感觉哪些年工作任务重？

苏荣和　我退休返聘以后，活儿多，当然收入也多。我上班的70年代那阵是没有什么实惠，但没有这么大压力。

吴冠男　据您所知和您经历的，技术改进停止过吗？

苏荣和　没有，没有停过。

吴冠男　六七十年代的时候愿意深造学习技术的工人多吗？

苏荣和　我那时候没想，要不现在也有学历了。学技术开始还可以，挺积极的，大家都是慢慢就拉劲（松懈）了，要占自己时间啊，骑自行车去上课，风里雨里的，所以慢慢就有人不愿意学了。那时候都是每周末就休息一天的。学的技术也行，现在我做个小型油压机，画个图，加工个件儿，我自己都能整。

吴冠男　整个技术改进的过程，需要什么人参与？

苏荣和　有方案了需要上报，有时候是任务形式的。有一次，厂区作业面改造，需要我们自己弄个架子，解决作业面积问题等等啊。我们得先问清楚规格，量好尺寸，加工，后来做了114件。车间主任很欣赏。线圈接头，还有油压的泵站、直臂等都自己做。

吴冠男　这个不是工程师去做吗？

苏荣和　机修这儿工程师也不一定了解油压系统啊，而且当时风气很鼓励大家搞小革新。领导支持啊，党员等等都踊跃，领导也不一样，之前的领导对技术很重视。后边的领导也行,和总厂关系好,解决个房子问题啥的方便。

吴冠男　现在的工人也就是扎在那里,不能搞什么技术改造。

苏荣和　主要是岗位不行,岗位性质决定的。现在流水线决定的岗位更不行了。工人参与技术改造和学习的机会少多了,要维持机器的进度和流程的进度。

吴冠男　你们工作时的工友、同事之间关系怎样?

苏荣和　一般还行。也有小肚鸡肠不好好干的,但不多。

吴冠男　我有点想象不出那个时代和氛围下的工人与工厂的关系。

苏荣和　那个时候大家集体感重,抱团,荣誉感也强,纪律性和素质都行,齐力完成任务这方面都好,缺点是条件都不好,平均主义也比较严重,公私也不分。那时候厂里有布条,大家有时候带回去纳鞋底,"公物还家"时候就有人说这事儿,但其实家家都有,都穷嘛,也都拿了材料自己做把刀具啥的。以厂为家,也就是自己用用,又不是出去卖的,也就都那样了。

吴冠男　您身边有劳模吗?

苏荣和　劳模确实也是能干,能吃苦。我在计量时候组长是个劳模,我和他竞争当工段长,我就让了。劳模也都得早早来(上班),先把段里的事忙活完,之后还要领着(工人)干。

吴冠男　技术改进中的小改有什么进步之处?

苏荣和　小改也能出成绩,因为那阵生产比较落后,小改凑起来也顶用。

吴冠男　搞技改有没有奖励?

苏荣和　1985年成立分厂以后有了。有一次有任务,问我啥时候能干完啊,我说尽快,然后说领导考虑你辛苦,给你点儿奖金。哈哈,给了我500元,也不算多。

吴冠男　您工作上的信仰是什么?

苏荣和　就是好琢磨。我喜欢踢球,就是不太安定了,老想改动,跟踢球一样,得跑动。有一阵我代表厂子踢球,总训练,一年在外边半年,涨工资一看,不行,我就不踢了。在工厂工作挺有意思的,抽罐子的空气,抽真空,760抽到720(毫米汞柱),有意思,老想着哎呀能不能爆炸啊,这个玩意儿咋回事啊,等等,心里喜欢。

吴冠男　工厂有没有生产事故?

苏荣和　不多,都有专职的安全员。

吴冠男　您父亲也是哈电的？

苏荣和　是，是从农村来的，我爸先来的，我跟我妈后来大概是1956年来的。那时候人老实，有房子都不要，一个月房费一块五毛六，嫌贵，都不要大房子。自己的房子还点炉子（烧火取暖做饭）呢。

吴冠男　您感觉工作这些年中哪段时间比较好？

苏荣和　还是45岁以前轻松，45岁以后拿事（懂事）了。以前年轻的时候不管啊，领导让咋整咋整，等自己开始负责了，经验也有了，工作上（价值）就大了，负担也重了。但是45岁基本也就定型了，行就行，不行就不行了。我到后来曾想去值班（室）那里，没去成。值班（室）也挺麻烦，打卡、工号、材料调配、风压，跟生产调度一样，搞工作协调。

吴冠男　您退休以后还工作吗？

苏荣和　我去一个小工厂上班，那时候是工厂的小金库，早期的青年点，后来"三产"的，不让整小金库了，就退出（和企业剥离）了。其实原来都是快退休的那些人，挣钱给车间搞福利，我因为技改和他们一起干过，所以也就去了。

▶ 青年点：因早期下乡知识青年聚集生活、工作的场所，后遗留形成的基层小产业组织。

三产：第三产业公司，国有企业改革重组过程中将和服务业有关的业务剥离出去，成立独立公司，以便分流人员、整编岗位、调整利润，从而形成的公司俗称三产。它和原有的大企业仍然保持着密切联系。

吴冠男　在大工厂工作还算挺幸福啊，是不是？

苏荣和　还可以，但是集体作业的地方多，后来搞末位淘汰也挺烦人，这淘汰实际主要就体现在人际关系上。现在啊，能下岗得能让他再就业，要不成社会闲散，影响和谐。

吴冠男　您还是挺能琢磨的。

苏荣和　你看，这个小的凳子是我自己做的。有一次我修一个机床，转得不平衡，偏，干出活儿（出的产品）有时候出角度了（歪了）。吃饭的时候我顺手把轴承拿下来玩，就感觉有一个球不一样，拆下来一量，原来是这儿的毛病，有一个滚珠尺寸不对。

吴冠男　如何养成这种钻研精神？

苏荣和　那阵人老实，气氛好，气氛带动就琢磨了。干啥研究啥，人都有上进的心理。在废品库的时候捡到这个，捡到那个，不定谁能用上，机修车间这里都是好鼓捣的人。其他车间的车工就是车工，铣工就是铣工，不能串岗，机修车间，一上（车）床子就全都会了。

吴冠男　您要是车间主任，您愿意要大学生还是中专生？

苏荣和　无所谓，对口就好。有文化的还是上手快啊！先下去实习，实习还是有必要的，我孩子学航空仪表的，毕业设计，一个转动的差速，我孩子一说我就知道，但我们没有大学生搞得那么快啊。

吴冠男　感谢您和我聊这些！

苏荣和　没事，就是现在一寻思这人怎么都老了，太快了，45 岁以后时间过得可快了。

2017 年 10 月 29 日于哈尔滨市香坊区

04

闫世伦

奋进、追求、永不松懈的激情与大无畏的工人气质

人物介绍

闫世伦，1942 年生，原哈尔滨电机厂工人。

我说真话实话，我不打架斗殴，但性格不好，你看我老伴儿不让我说，但是我还是要说，实事求是嘛。做人做事一定要坚持，意志坚定，这是经验。

知识分子大学一毕业工资就是 56 元（月工资），转年就 62 元，一般工人 30 多元，八级工 100 多元，但是凤毛麟角。干什么无所谓，关键看是不是外行，能不能整明白。

我这是自己揭短了，我不怕，人生就是这样，谁都有缺点，缺点也都是自己的性格。

编者絮语

直爽、无畏、乐观，是工人这个群体最明显的性格特点。虽然中国工人大多出身农民，但是大企业生产的组织化联系、协同的生产关系、密集的工人生活空间造就了他们这样的性格特点，改变了他们的命运。

访谈内容

吴冠男　闫老先生，您好！您是被称为中国动力的哈尔滨电机厂的老工人，能先给我们讲讲您的生活和工作经历吗？

闫世伦　我是 1942 年生人，属马，我的家在闫家岗就是现在机场那一带，祖辈都是农民，我是农民出身，现在有时候我还去种地，哈哈，消磨时间嘛。我小学上到四年级，1953 年我母亲去世，我大哥在哈尔滨电机厂，就把我和我父亲接到市里，我就上了当时工厂子弟校小学。这学校的条件好，很开心，有玻璃黑板，木地板，进教室穿拖鞋，每周六都给安排看电影。我不喜欢运动，打球个子不够高，受庄则栋影响，我打乒乓球，当

▶ 庄则栋：中国男子乒乓球运动员，三次蝉联世界乒乓球锦标赛男子单打冠军，全国冠军，国家队冠军。他在20世纪50—70年代中国乒乓球全民运动中影响了整整一代人。

时和我一起练球的后来都去省队提干当处长了。学校里有一个杨老师，很严格，学校的课程安排也挺好，学生自由发展，没有太大学习压力。我初中去了9中，高中因为想要住校，就去了6中住校，高中后来到哈尔滨师范学院实验中学，这个高中开始不招初中生，都是从6中、9中要来的学生，能住校的。老师真是不错，古典文学教师戴志军，给我们上完课就上电台，广播教学，全是教授。老师上完课就去捡菜，捡菜根吃。老师都很好，但是我没学好，我理科不行，我文科好一些，喜欢写诗，都发表在走廊里，哈哈，大家都认识我，我就可骄傲了，有理想但是又不脚踏实地。1961年我高中毕业，去打零工，秋林公司对面的规划大厦，去上面扛稻糠，还去区政府铅印室工作。考两年大学没考上，我就去了公社，半工半读，因为大多数都是初中文化，我高中毕业我就当老师，去工厂勤工俭学什么的，人嘛，吃了那么多亏，也学乖了。后来中小学招考会计，要100名，我报名了，我成绩也行，通知我去上班了，但最后我又没去上班，我不喜欢数钱。1965年哈电招工，我就去工厂学徒，那年我23岁，我那些学生都比我先去了。领导看我高中毕业就分配到画线工，引导金属加工，看图纸，在金属件上画线。我这个岗位是三年学徒，有的岗位出徒快，像铣工，一起招的车、钳、铣、刨各工种都有。那时候哈电有三个军工车间，加工潜艇上的零件，有一人多高的铜件，因为也没学过制图，自己悟，先看懂图纸，有师傅带，不是要求精度很高，但也得差不多，看参考书。电机线圈都是铜的，刚开始一个一个画，后来我把成组的一起画，效率快多了，因为铜片是一捆捆加工的。当时管我们工艺的，后来做了工艺厂长的胡建清，认可我的方案，也是工艺技术的改进。后来我调到七车间，当了组长，我和工长、领导的关系都不错。1979年办电大，我就报名考试，考最高分，虽然也是多少年没学了，但是因为其他很多人都没学过，我考上了电子专业，脱产学三年。毕竟37岁了，孩子都两个了，我是班里年龄最大的，老师非常好，但我记忆力比不过人家年轻的，有一科没通过，头发都急白了！回到工厂去技改科工作了两年时间，在这儿遇到了好师傅，那个电控箱看着简单，用图纸表达却不容易，对自己专业技术有很大提高。我还做了焊接自动小车，配合大项目的若干实验，参与了几个项目。我师傅拿一机部的

奖,师傅做工精准,的确是大工匠,人也是技术行。1983年我去了哈尔滨大电机研究所电子室,归一机部管,评了助工,后来评了工程师。还去长春学习单片机,再后来去了工会,53岁的时候病退,58岁那年"一刀切"退了休。

▶"一刀切":国有工业企业在减员分流中按照年龄退休的制度,俗称"一刀切"。

吴冠男 您没有评高工?

闫世伦 有难度,英语也不好,我高中学俄语的。

吴冠男 大电机研究所也在哈电吗?

闫世伦 是的,和哈电通着,但自己单独有个门。

吴冠男 您进入哈电的时候,工厂的状态怎样?

闫世伦 一机部通天(直属)的厂子,地位高,援外的项目,都是我们厂干。即使现在,棘手的活儿也是哈尔滨电机厂承担。盈利一般,但是承担着国家安全的重要任务,重要性上没问题,军品和大件,别人都干不了的大项目,只能它承担,水轮机技术是领先世界的。培养的人才也多,出去的领导也多,还有大三线的支援项目,我姐姐就在德阳东方电机厂,就是大三线去的。

吴冠男 在工厂中,您怎么理解工人和知识分子之间的关系?

闫世伦 知识分子大学一毕业工资就是56元,转年就62元,一般工人30多元,八级工100多元,但是凤毛麟角。主要看贡献,看技术攻关,看敢不敢拿任务,外行就是外行。

吴冠男 那个年代工人也能参与课题吗?技术改进上做出很多贡献吗?

闫世伦 (思考)我了解的劳动模范焦志理,有项目改革,都很多很快,但是背后有一些支持和团队,有工程师帮助。技改还是技术人员的主业,工人在这方面贡献还是没有那么主要。

吴冠男 您觉得在国有大企业中,大学生、大专生、中专生,哪个群体更行?

闫世伦 中专生,这种企业是中专生的天下。

吴冠男 为什么?

闫世伦 中专生动手能力更强,什么事情敢于躬身去做,大学生(本科)怎么说呢,还是有些放不下(架子)。

吴冠男 对大企业来说,计划和市场哪个更好些?

闫世伦 我想还是不能完全靠市场,国家政府应该有一定的控制能力。

吴冠男 哈电工人有没有什么职业病?

闫世伦 翻砂车间肺心病啊，绝缘的云母，云母是主要的绝缘体，绝缘厂曾经是电机的一个分厂。噪声不算很大，整体的工厂污染也不多。

吴冠男 工厂与所在城市社区的关系什么样？

闫世伦 哈电那个年代很牛，自己五脏俱全，那可是有影响力的大厂子，有能力，给职工分鱼，好几个车皮（火车车厢）往回运，不理区里（区政府），自己有服务公司，实业公司。部里直属的国企那个年代和地方一般也没什么关系，发生往来少，厂区建设、社区建设、家属生活等等都是工厂的事，区里管不着，而且工厂的条件好得多。

吴冠男 您见过苏联专家没？

闫世伦 我见过，大肚皮，脸红扑扑的，我就想什么时候中国人也能这样胖，也能开自己的车，现在实现了，你看家家有车。

吴冠男 您现在退休生活都做什么？

闫世伦 写诗，种地。写诗的功夫不在诗里，在诗外。

吴冠男 您有什么信仰？

闫世伦 我信仰毛主席，毛主席的诗写得也好，毛主席让那么多人翻身解放，让我们打开眼界，长了见识。我们当工人的都是简单劳动，平凡付出，但我们付出了，我们对建设有贡献，没有这些工人的简单劳动不行。我这个人不行，性格不好，你看我老伴儿不让我说，但是我还是要说，实事求是嘛。我不害怕，做人做事一定要坚持，意志坚定，这是经验。

2017 年 5 月 3 日于哈尔滨市香坊区

企业介绍

哈尔滨电机厂：始建于 1951 年 6 月，原东北工业部电器管理局五厂，朝鲜战争爆发后北迁至哈尔滨。它是国民经济"一五"计划时期苏联援助的重点工程项目，是中华人民共和国成立后建设的第一家发电机、电动机制造企业。主要生产水轮机、水轮发电机、汽轮发电机、风力发电机、电站控制设备及滑动轴承，产品曾装机过三峡工程。拥有葫芦岛水电大件加工基地、秦皇岛核电加工基地、镇江风电开发基地和昆明中小水电开发基地。历史上的哈尔滨电机厂创造了我国发电设备制造史上的无数个第一，成为中国动力之源，为我国电力事业发展、为中国的工业建设做出了卓越贡献。

04

闫世伦

奋进、追求、永不松懈的激情与大无畏的工人气质

05

陈永严

**从没落贵族到人民工程师，
历经大时代的人生起伏**

人物介绍

陈永严，1928年生，原哈尔滨101厂高级工程师。

还是实验生产那时候任务重，那时候特别严格，要是出个报告，得四个样品，出四个报告，就是背对背分别做实验，多麻烦。那是严格。

我奶奶是爱新觉罗氏，我爷爷是汉族人，满汉不通婚，但是因为我爷爷家非常有钱，于是就破例通了婚，我爷爷家有顺义钱庄、顺义当铺、顺义油坊啊，等等。经商，家里几千垧地，是在辽阳。我生在辽阳。

我虽然是出身有钱人的家庭，但我是老老实实地对党工作的，我一辈子就埋头搞设计工作。

编者絮语

这是哈尔滨101厂的一个老工程师，说是清朝皇族的后代，一辈子为工业建设做出了骄人成绩，现在就住在20世纪80年代的家属宿舍里，起起落落的人生颇具传奇色彩。

走进我熟悉得不能再熟悉的老式工厂家属楼，虽然加装了外墙保温，但掩不住那个年代的朴素气质，陈旧得甚至有些斑驳，同样斑驳的还有时间，以及拉开单薄木板门后似能够穿越一般的狭长的老式楼道。我拜访过不止一个享受国务院政府津贴的老技术工作者，他就住在我们身边，在这条时间隧道的尽头，在那间聊避风雨的小屋。

访谈内容

吴冠男 陈老,您好,你们老两口住这小屋还真不算冷。

陈永严 现在热电厂供热了,还做了保温。要是偶尔冷点儿我就点电暖器。

吴冠男 您用这个脚垫也是怕冷吧?

陈永严 岁数大了,有时候怕冷。

吴冠男 您是哪一年来到这个工厂的?

陈永严 1953年4月,沈阳东北工学院分配来的。我是机械系,我爱人1953年8月来的,她是学化学的。

吴冠男 就是现在的东北大学吧?您是哪年考的东北工学院?

陈永严 1949年以前也叫东北大学,时间我也记不太准确了。我是辽阳人,辽阳中学毕业之后就没有读书的机会了,后来就去了东北大学先修班,在沈阳,准备考东北大学。后来解放战争,东北大学就把学生迁到北京去了,1948年东北大学也在北京,我就考上东北大学。战争慌乱年代,也没有书读了,我们东北大学就迁回来了,我爱人在吉林市。

吴冠男 东北大学迁到北京的时候在哪个位置,市区还是郊区?

陈永严 市区,东城区。

吴冠男 您是怎么选的专业?

陈永严 那时候也没的选,先修班时候在沈阳的时候就是机械专业。

吴冠男 你们上学时的老师都多大岁数?哪儿的老师呢?

陈永严 记不准了,那时候老师也都是学校自己聘的。

吴冠男 刚解放的时候吉林市是谁接收的?

陈永严 最开始吉林市是共产党先进来的,后来国民党进来,到1948年又撤了,拉锯区,江桥就炸了两遍。早期那个江桥是日本人修的,江堤也是日本人修的,就大家去吉林看雾凇那个。

吴冠男 东北工学院当时是冶金部的学校吗?

陈永严 那时候叫重工业部。工厂那时候是全国招人,我们是东北工学院整个班分配来厂的,有些专业像铝加工专业都是整个专业来的,来厂的毕业生学什么专业的都有。沈阳还有中专生来的,我爱人是吉林中专来的。

吴冠男 您来的时候在什么岗位?

陈永严 设计科,一直就在设计科。

吴冠男 您上学时学的哪门外语？

陈永严 在东北大学时候学英语，后来来厂学的俄语。

吴冠男 您后来学的俄语，能看原图纸吗？

陈永严 能，因为是苏联俄文图纸。

吴冠男 咱们工厂的技术人员构成都有哪些人？

陈永严 咱们除了毕业生、复员转业军人，还有苏联代培的技术人员。苏联代培的人是选出来的，当时还有不少没选上就直接来厂的。

吴冠男 您爱人也是毕业来的？

陈永严 是的，我们一起20多人，她是学化学的，最开始在设计科做了几天预算，后来成立化验室，就是后来的201（车间代号）中心实验室。

吴冠男 您还记得最早落成的厂房是哪个吗？

陈永严 应该是101、102车间厂房。

吴冠男 有的材料说苏联援建的156项工程项目在黑龙江大约有18个企业，19个项目，但是佳木斯造纸厂说有两个项目，101厂也说有两项，怎么回事，是真的算两项吗？

陈永严 是两项，一项的时候我们忙一阵，后来模锻又是一项。厂房修的墙都不一样。

吴冠男 我看东北工业区有不少老式的红砖房子，包括厂房和家属区住宅，一看就和一般的红砖房子不一样，砖层之间的水泥勾边也比较考究，已经成了20世纪50年代工业用房的标志了，那个砖和一般的红砖一样吗？

陈永严 各种砖成分不一样，烧法也不一样，好一些的强度大，非常结实，勾缝也密实。咱们这个是建筑一公司盖的，一公司化验室连强度都测验，打压，不合格不要。我们也都做实验，可忙了，砖瓦砂石来了都检查。

吴冠男 你们是建厂最早一批来的？

陈永严 最早刚建厂时候来的，只有一批住宅用房，那时候加班、上班就在904（楼房代号），厂里还没盖厂房。说加班就加班，那个年代加班也没有加班费这一说。

吴冠男 建厂初期，也是中华人民共和国成立不久，百废待兴，各方面秩序还可以吧？

陈永严 秩序是很好的。生产秩序井然。

吴冠男 你们来的时候是挣工资还是挣工分？

陈永严 发工分时期我没赶上，我们是挣分，用分数换钱，我是200

多分，我爱人 130 多分，130 分合四十几元钱。1956 年 10 月就进行了工资改革。

吴冠男 1965 年之前哪年来厂的人比较多？

陈永严 1953—1955 年大中专毕业生多，后来就是零星的了。1958 年、1962 年工厂大规模招工。后来的（工人）我们还去接过，那时候去市里的道路也没有这么好，还有砂石路，坐嘎斯车去接的他们。

吴冠男 我总听说嘎斯车，嘎斯车是什么车啊？

陈永严 就是比解放汽车小一点儿，方头的，是苏联产的车。当时工厂通勤车就是这个车。我来的时候医院还没盖完，通勤用车就用这个车。苏联生产这个车的工厂叫高斯，实际是译音了。

吴冠男 从投产到 1965 年，哪段时间工作任务最重？

陈永严 还是实验生产那时候任务重，那时候特别严格，要是出个报告，得四个样品，出四个报告，就是背对背分别做实验，多麻烦。那是严格。

吴冠男 工人参与技术革新多吗？

陈永严 没有多少，工人就是干活儿。

吴冠男 像劳模沈关根不是也参与革新吗？

陈永严 那时候他们已经当领导了，下面的工人是没有时间搞的，王洪武也是连铸连轧的领导，这种情况没有普遍性。

吴冠男 相当于车间主任？

陈永严 是啊！

吴冠男 1949 年以前的老工人多吗？

陈永严 不多。个别的有，像左技师。

吴冠男 生产关系在各个阶层之间的壁垒在那个年代也是一样的？

陈永严 一样，工人干活儿是有工时的，工人干活儿养家糊口，但工人在自己工作中可以改进。

吴冠男 上周我在哈尔滨轴承厂采访，一个技术员就说，他上班 10 多年了，就是在锥形轴承的生产一线，根本没有机会、时间、眼界去改进，去琢磨。后来从轴承一线出来了，去了轴承杂志社才开始接触、琢磨工艺。

陈永严 那时候需要上面给你改进任务，否则现有的工艺规程你得遵守。

吴冠男 在工厂设计科、研究所这样的地方，知识分子扎堆，知识分子在一起，有没有窝工的现象？

陈永严　那时候知识分子比较少啊！

吴冠男　科研体制如果是任务式的，科研人员不容易脱颖而出啊，激励机制是不是不强啊？

▶ 知识分子：这里所说的知识分子，不是一般社会阶层意义上的知识分子，这里泛指工厂中的大中专毕业生、工程技术人员，以区别一般工人。

陈永严　就是那样，都是任务式的，谈不上激励。

吴冠男　作为技术人员，如何在业务上充电、继续学习？

陈永严　自己看书看杂志，我还去市里学习过。工厂派去的，就是去道里区工厂街，那儿有个职工大学。那时候早上5点多钟走，坐通勤车。

吴冠男　咱们厂不是有工学院吗？

陈永严　也有，但那是"七二一"大学以后成立的，有的后来也发学历了。

吴冠男　是技校吗？

陈永严　不是，技校是技校，湖南来那批就去教技校了嘛，技校很早就有。

吴冠男　我听说您是满族？

陈永严　我奶奶是爱新觉罗氏，我爷爷是汉族人，满汉不通婚，但是因为我爷爷家非常有钱，于是就破例通了婚，我爷爷家有顺义钱庄、顺义当铺、顺义油坊啊，等等。经商，家里几千垧地，是在辽阳。我生在辽阳。

吴冠男　您给我描述一下您小时候家里什么样子？

陈永严　辽阳第二高中，我家就在胡同里面，死胡同，一个大四合院。后面有一个大园子，前面是四合院，还有门房。当时是没分家，几十口人。伯父叔叔，我父亲是老三，我有个五叔，留日早稻田（大学）的，二伯父是留德的，我父亲没有留学，后来在哈尔滨的中东铁路局任翻译，叫陈玉纯。我父亲能到中东铁路局是因为他原来是学俄文的。我姥爷是奉天（今沈阳市）市长，中东铁路局参赞。我父亲在中东铁路局工作，就在哈尔滨的花园街，自己有洋房，一般家庭那时候没有车，我父亲就自己开车，那时候我也来了。后来日本人来了以后，我们就回辽阳老家了。

▶ 中东铁路局：沙皇俄国修筑中东铁路在哈尔滨设立的铁路管理局。1932年日军进犯，哈尔滨沦陷，铁路路权为日伪掌控。

吴冠男　您启蒙时期是怎么读书的，是私塾吗？

陈永严　不是，是小学，都是日式小学了。日本人是副校长，中国人担任正校长，但是日本人说了算。那时候小孩可听话了，不听话就挨打，挨处罚。上学放学都行礼，出门都排队走。

吴冠男 老师对孩子们好吗？

陈永严 任课的都是中国老师，还行。但日本人比较狠。

吴冠男 你们学了几年日语？

陈永严 从小学一直到高中毕业。

吴冠男 那相当于学了10年日语了，日语应该不错了。

陈永严 要是好好学的话可不是嘛，我都忘记了。

吴冠男 你们小的时候是推崇什么信仰的？

陈永严 中国传统的那些，仁义礼智信，温良恭俭让，孝敬父母，礼义廉耻，就是在语文课本里的。那时候给老师、给父母都行礼，规规矩矩地行礼。

吴冠男 您在工作中都获得了哪些荣誉？有哪些成绩？

陈永严 我就埋头搞设计工作。我享受国务院政府津贴，我退休以后还返聘了六年，继续搞设计工作，这是我的干部履历和评高级工程师材料，您可以看看（指读）："我独立完成的设计任务有10吨半连续铸造机，管材涂油机，立式淬火炉出料机，管材冷挤压机，600吨立式水压机，铝卷重卷改为重卷剖卷两用机，厚板吸盘吊，粉碎机，甩浆机，压盖机，管材水压试紧机，自动夹具。……我组织指导并审定的设计有铸锭铣床，翻转机，镁锭加工机系列，三吨拉伸机，9417管材矫直机，精轧机，清洗机，合卷机，衬纸机，剪切机，铝塑复合机，等等。我主持指导现代铝箔轧机的安装调试，领导我国第一台板材淬火炉的风速调试，取得成功，填补了我国空白。后在技术咨询中创造8000万元的社会效益。……"对了，工厂的展览室还有我的照片和介绍呢！

吴冠男 这么多，您的口碑和评价那么高！你经历起起落落的人生，人生信条是什么？

陈永严 我在北京的时候，那是东北大学先修班，就有地下党组织，我倾向共产党组织，因此，地下党活动、讨论都不背着我。我在东北大学时期是班级团支书，来厂以后，虽然不被重用，但我是感谢党、忠诚于党的。我工作上进，埋头苦干，做出成绩，我退休以后还当了一届区里政协常委。我是一直要求入党的，但党委书记说："政协不能都是共产党员啊，你就别入了。"我觉得工作要埋头肯干，对党要忠诚。

吴冠男 你们这一代人怎么感觉工作起来就拼命啊？

陈永严　真是拼命，设计室虽然不倒班，但是经常晚上吃完饭就又回单位工作到半夜。

吴冠男　您现在有什么业余活动啊？

陈永严　退休活动中心有个歌唱团，我是歌唱团的成员，团里的歌词、谱子都是我写的，我印的，我们一起唱歌。我还锻炼身体，气场很重要，人要有正能量。

2016 年 12 月 3 日于哈尔滨市平房区

06

李荣福

**本真的善良、坚持真理
是在任何时候都优于业绩的品质**

人物介绍

李荣福，1937 年生，原哈尔滨 101 厂高级工程师，曾任 101 厂科协负责人。

和现在相比，那个年代产品质量不高，现在的设备好，产品质量高多了。那个年代靠人，人很厉害，技术高，现在靠设备好，操作简单，精准度高。我们的这些老国有企业和工厂，质量标准都严格得很，有装备、有人才政策、有技术交流，产品都能达到应有的指标。

我退休以前就在科技协会工作，我退休了还在琢磨科研机制与创新问题，现在叫创新，以前叫技术改造。思考着如何在大企业中增强创新的实力。

编者絮语

技术研发（20 世纪五六十年代叫技术革新），其实在大企业和小企业中都能实现，只不过方式不尽相同，这和管理机制、环境条件甚至文化历史有关，并没有太多优劣之分。

访谈内容

李荣福 我是 1937 年出生，营口熊岳高中毕业的，我 1958 年高中毕业。我应该在北京读大学，我们中学学校八个班，我属于保送生，学习全 5（5 分制），班里的团支部书记，校团委委员。我报的时候学铀 235，报北大的，想搞原子弹，因为学校老师把材料送晚了，后来全保送了东北大学，我们这一届报北大、清华的都去了东北大学。那个年代我们学的专业是保密专业，我因此还哭了一场，但那时候没办法。

吴冠男　您上学时都学了什么？

李荣福　俄语，英语，日语，轻金属加工，基本课有力学，等等。这是稀有金属和轻金属，工厂103车间做的，也做了核技术和航天的配套。

吴冠男　您来工厂以后工作岗位是？

李荣福　从学校分配到技术科，实习以后就搞技术革新。

吴冠男　是科研所吗？

李荣福　不是，科研所搞实验，投产以后归我这儿，科研所搞合金，技术科是职能部门。

吴冠男　订货这么少，规格又多，值得投入这么大成本吗？

李荣福　那时候就是国家需要，不管成本，市场化以后才考虑效益问题。轻合金就我们和二铝（援建的三线厂）搞，二铝是我们分出去的。

吴冠男　这是个计划体制起家的工厂，是满足国家需要的，现在市场化了，企业当然很难转型啊！

李荣福　是的，所以市场和宏观调控都很重要。

吴冠男　您的工作信条和职业信仰是什么？

李荣福　我这一辈子就得坚持真理。有一次，外调派我去查一个同志，到山东，我和另一个党员老赵到那里一看，调查对象是中统的！

▶中统：中国国民党中央执行委员会调查统计局，是国民党两大特务组织之一。

如果我当时发电报回去，那她就完蛋了，我说不行，要去深入调查，去海阳。我那时候还不会骑自行车，借的车子还是脚闸的，老赵在前面我在后面，过一个岔道，一群牛，一下就把我顶到壕沟里去了。我就感觉一晃就进水里了，我出来一看，还没死，赶紧爬上来了。车子大拐（自行车的脚蹬部位）坏了，老赵骑挺远看没人赶紧回来，我们只好推着车子到前面集市修了车子。到了那人家里一查，原来不是她，是另一个，和她重名！又去档案馆查，发现和她曾用名是一个，已经跑到台湾去了，两个家庭不一样。这样算是澄清了，否则出冤案了。直到现在我也没和这个同志说过。

吴冠男　如果没有您这话，也许就改变她命运了。您对工厂的老领导印象怎样？

李荣福　人得坚持真理，还得有好心肠。厂长里最优秀的厂长老党员当数王哲，正直，非常廉洁，后来去了冶金部。我在北京出差，我是轻合金专业秘书委员会的秘书长，王哲妻子张维君有病了，要去医院，王哲厂长说不能用我的车，我那是公车，不能用于个人。我和他接触很多，对于技术革新，他都亲自去各车间看，对于工厂发展立下汗马功劳。他很公正，不是谁溜须拍马就提拔谁。老技术处有个一把手，是开厂元勋，技术科科长，有一年要去英国参观访问，他想去，但有个蒋工和他竞争，他就写了假的举报信，蒋工没有去成。冶金部把信拿回来，调查发现是陷害，大伙很气愤，处分了他。蒋工后来做过四川省省长。

  吴冠男 研发和技术革新有什么区别？

  李荣福 研发是现在的用词，那时候就是技术革新、技术革命，小的叫技术革新，大的叫技术革命。我理解研发应该是一个系列的产品，不是一个单独产品，一个单独的产品算不得研发。

  吴冠男 五六十年代的产品质量怎样？

  李荣福 和现在相比，那个年代质量不行，现在的设备好，那个年代靠人，人很厉害，技术高，现在靠设备好，设备操作简单、制成品标准。

  吴冠男 因为特殊的地理和历史条件建立了这个工厂，现在离市场和原料产地远似乎成了工厂发展的负担。50年代我们设备比较先进，而70年代技术落后了，如果技术改造一直持续，能不能使我们到70年代时仍然保持技术领先？

  李荣福 有可能，但是要保证人才培养。要一直有人才政策，还要有适当的科研体制。我退休以前就在科技协会工作，我退休了还在琢磨科研机制与创新问题，现在叫创新，以前叫技术改造。思考着如何在大企业中增强创新的实力。

2017年8月9日于哈尔滨市平房区

07

卢长云

奉献是第一位的，不论个人是否有回报

人物介绍

卢长云，1954年参加工作，原哈尔滨101厂焊工。

鞍山钢铁公司（以下简称"鞍钢"）就要留我，师爷跟鞍钢的领导说，那孩子不能留着，想家厉害，别想家想坏了，得让他回去，离家近一点儿。

101车间炉前分析有个英国的直读光谱仪，不是那么精确，拉计算尺，手工操作有误差，生产工人根据这个炉料填装不准，在这个问题上想实现自动控制，那个数据不复杂，就用一个数学模型就可以。硬件那部分的负责人想去涿州，我想这么点儿工作干完就完了嘛，名字还给他留着。软硬件我一个负责，还有几个技术员一起，去北大买设备，单板机，我的软逻辑框图实现了，试验数据行了，光谱室得奖了，设备应用了计算机了。我虽然是一个工人，但为国家做奉献，我很骄傲。

编者絮语

非结构访谈，偶遇的访谈对象。在没有物质激励的年代，是一贯的道德品质和奉献精神决定了他们的贡献。善良使他们历经风雨还依然年轻。

这是一个从16岁就开始参加工作，一直学习的学习型工人。第一眼见到他，远比同龄工人年轻，能感觉到他仍然保持着旺盛的学习能力。创造的积极性在生产中得到发挥和弘扬，今天，技术进步环境似乎更倾向于有理论基础的后来者，按部就班的生产者对在经验基础上的继续学习往往不是那么重视。

访谈内容

卢长云 我1937年出生，1954年从牡丹江第一中学毕业。我们学校那一届毕业了三个班，上学时候有个口号，"为祖国而学，为祖国而用"。毕业打算不上高中上中专，因为家里条件不行，校长找谈话，找 7 个同学，意思是别上中专了。那时候不念书工作也好找，我们一起上学的同学毕业没继续念书而去找工作的，工作都很好，后来当牡丹江各局的书记干部的都有。校长说去 101 厂学校吧，念几年，相当于中专，还能挣钱。农村孩子憨厚，听校长的话，我们在学校都没回家，打个背包，上面扣个盆，里面是牙刷，两侧是鞋，就这样上了火车。在哪儿下的车都不知道，解放牌大汽车盖着大帆布，车就拉到这里来了，这里那时候啥也没有，只有 01 楼、02 楼、03 楼前的技校。一看不像校长说的啊，怎么是技校呢，这里往家里寄信家里收不到，保密，也不知道火车站在哪儿，就一个 8 路公共汽车去市里，但是也不懂，不知道是哪儿，就回不去了。我分到五班，八月十五想家，坐学校旁边都哭了。杨伟伦，我们一起来的，他比我大，买了两个苹果，跟我说，来都来了，别哭。我们一起吃了苹果，好吃，后来一抬头看见人家都进屋上课了，就进屋了，老师看见我眼睛都肿了，也没说啥。

吴冠男 您在技校学了几年？

卢长云 在技校学了一年多，就进厂，让我们看，那时候工厂在打基础，安装设备，让我们看的意思是选择干什么工种。我看见上面跑的小车很好玩，我想开那个，于是去鞍山实习，还有去碾子山的，就真当了天车工。实习几天就觉得没意思了，我师傅是团总支书记，我们干活儿休息时，我就说我想我爸我妈。我师爷是厂长的师傅，就和厂长说，这孩子想家，给几天假，别通过上边了，但是还没等我回去，我妈就来看我了。那时候我工资低，赶上师傅要娶儿媳妇，我就把工资给师傅了，说：你用我的工资吧，鞍钢有专门的考级的，考上以后定了级，不就有钱盖房子了吗？师傅说你才来三个月，六个月才能考。我说：咱们拿师徒奖不就可以盖房子了吗？师傅说，不行，我是团总支书记，你别显摆了。我说盖房子不是着急嘛，师傅就和师爷说，师爷说，孩子要考就试试吧，看看你教得怎样。一考，理论、实践都 100 分，定了四级，冒高了，鞍钢就要留我。师爷跟鞍钢的领导说，那孩子不能留着，想家厉害，别想家想坏了，得让他回去，离家近一点儿。我回 101 厂以后从头考，开始才定二级。我回来本应该在 103 车间，但是 103 车间设备安装晚，102 车间又提前试车，我就到了 102 车间，铣铸锭、热轧、压延都是 102 车间的活儿。热轧机、特殊铸锭铣床我都上过，后来我当了一次压延的团组长，我干活儿的时候是韩彬当厂长。厂长说，小卢，你这个团小组能不能把一次压延多出产量，我让压延机创造个高产。刚开工的时候没有轧那么快,铣面没有给堆料,都光膀子干啊。韩彬说,你穿上点儿衣服,要不铝屑蹦身上烫坏了。那时候没有送料车,都是天车吊起来再放下,我说我上去,那时候按照规定是不能随便乱串工种的,但要创纪录,我干,一急眼我就上去了。三班倒,其他老司机都服我,"小卢比咱们麻溜"。一般情况一个班铣25块铝锭,我们班能铣46块。厂长说,压延机有料了,创高产纪录!成立研究所以后,安装退火炉的时候,没用吊车,用电葫芦把小车的大梁给压下凹了,小车就不稳当了。但是当时是做军品,国防部着急要产品,他们就踅摸(寻找)天车司机。我那会儿多少出点儿名,他们需要技术好的,点名借我,就要找我去开车,我整得稳当。102车间不放人,他们就到厂长那里,拿军品压人,这次算答应了,说借完了就赶紧还回来。我去了,把产品给吊好,能生产了,我后来改进了载重量,过一段时间天车才恢复原状,不再下凹,后来又改了遥控的,上面能开,下面能按。后来我就留在203车间了,我们弄的电气方面的,实验室设备也是我们安装的。后来去了电气,做了电气维护,改过轧机。

1972年,有一天我和李慧琳干活儿呢,领导说,你俩去医院检查身体。我发愣了,领导说厂里有个名额,五级以上电工去学习。李慧琳说:我媳妇怀孕,我不去了,让小卢去吧。我说让他去吧,但是我俩检查身体,他肺上有点儿毛病,我就说回家问问。我问问我母亲,我母亲说,"柜上让你去,你就去,柜上不让你去,你可别去争"。我媳妇说,去就去吧,我那时候也有俩孩子了。于是就去了,那时候没有这么多车,交通也不方便,去念了三年六个月。人事厂长公开说:"我们这个(学员)不是'七二一'啊,我们这个是派出去送学习,你们要重视!"这话挺感动我。开始去哈工大,后来去黑龙江大学,计算机系,我年龄最大。我在鞍山有个中级职称,回来的夜校我也毕业了。黑龙江大学的同学后来出去都当教授了,有人搞的计算机语言很先进,兼了哈工大的校长。1976年我毕业了,毕业耽误了几个月,当时工厂办公室说别

▶柜上:俚语,是掌柜的、领导的意思。

▶"七二一":工人大学,1968年7月21日,毛泽东在《人民日报》报道的编者按中发表了后来被称做"七二一"指示的文字:"大学还是要办的,我这里主要说的是理工科大学还要办,但学制要缩短,教育要革命,要无产阶级政治挂帅,走上海机床厂从工人中培养技术人员的道路。要从有实践经验的工人农民中间选拔学生,到学校学几年以后,又回到生产实践中去。"自此,全国工矿企业纷纷开办"七二一"大学。改革开放以后经整顿,一般追认为大专学历教育。

回厂了，学校要发展我入党。我在学校表现挺好，实习期间去过北大，帮助搞计算机操作程序语言转换，还去过佳木斯，给某舰队做控制程序设计。当时要给我分配到省电子计算机研究所，但是我说，我16岁到101厂，是工厂给了我新的人生，我的青春和奉献都在那里，我不能说不回去。但是回厂以后，笼统地都称为"七二一"了，我想算了，重视不重视是小事，干工作是真的。101车间炉前分析有个英国的直读光谱仪，不是那么精确，拉计算尺，因为是手工的所以有误差，生产工人根据这个炉料填装不准，在这个问题上想实现自动控制，那个数据不复杂，就用一个数学模型就可以。硬件那部分的负责人想去涿州，不想干，我想这么点儿工作我一个人干完就完了嘛，名字还给他留着。软硬件我一个负责，还有几个技术员一起，我虚心地问，徐丙丘是老室主任，说：卢师傅，你说怎么干。我说咱们沟通沟通，在201车间，光谱怎么往上用，看看出个方案，为省钱买个单板机先试验，先不用买贵的，选数学模型，来一组数据一个合金，必须使用历史生产的标样数据，合金号的成分，我出的数据要和历史数据进行比较，从而确定数学模型和数据标准。工厂也重视这个，去北大买设备，单板机，我的软逻辑框图实现了，试验数据行了，光谱室得奖了，设备应用了计算机了。作为工人，能为国家奉献，我很骄傲。

吴冠男 工作中有什么遗憾或者失败的经历吗？

卢长云 我跟王哲厂长说，需要进行系统改造，实现生产线的自动控制，我说得先培养人，隔行如隔山，于是就抽了一批人，大马达动力室等一批人马去了。109轧机做模拟机试验，改造它，我听说这个，就想着回厂来。在工厂，老厂长的思想都挺好，但是大都不懂计算机，国外设备买不起，自己又实现不了，后来基层单位新型计算机都有了，在109车间地下室放着，会用的人太少。我把操作程序调完了，工厂摄影师吴广田还给我照过照片。我说需要炉子的数据，要速度、厚度，检测物理量的电信号，但是受到成本限制没有使用，其实加个传感器，数据再转成计算语言就能用了。当时各种传感器国内也有生产的，但是这个改造没有搞成，想想很遗憾。

吴冠男 没有搞成，是因为加传感器需要很多钱吗？

卢长云 也不是，但是已经逐渐开始设备配套了，旧式的照配方式已经落伍了，加上人才缺乏，只能说技术改进的思路升级了。

吴冠男 可能改造的意义不是很大？

卢长云 意义很大，改造以后，某个合金的数据输入进去，就可以不用操纵手，而且准确。武汉后来实现了五连轧，那时候如果我们实现了连轧，我们就（比武汉）厉害了。

吴冠男　您觉得自己是知识分子还是工人，您怎么看待自己的身份？

卢长云　我就是一个普通人，普通职工，在工作上嘛，没想过那么多，给党干活儿要忠诚老实，有多大劲使多大劲。

2017 年 8 月 9 日于哈尔滨市平房区

08

赵雪荣

机遇、努力和成绩，
都化在平淡的人生长河里

人物介绍

赵雪荣（化名），金属加工专业高级工程师，国务院政府特殊津贴获得者。

组织上对我们很重视，我们都是各个岗位的负责人，在工厂建设中发挥了重要作用。我们作为技术人员，也关心管理问题，规程其实是失败的总结。

好的领导大胆放手用人，鼓励你去做事情，实现想法。能够自由交谈，指引你工作的也是好领导。好的领导有远的眼光，铝卷设备改造的时候做的旧设备改造，就是宽的，是买的意大利设备，没有做得太窄，说明领导是有眼光的。

那个年代，早上起来就点炉子做饭，中午还要带饭，晚上回来就忙活做饭。困难时候还养几只鸡，休息一个星期天还要收拾卫生，拆棉裤棉袄，学习点儿资料，哪有活动时间啊！孩子我们也没时间管，只是晚上回来我看书，孩子也看书。现在生活容易简单多了，做饭用煤气，买馒头，有了很多业余时间。

人生有限，应当多学习些东西，需要多做一些事情，才有人生意义，才有成就感，我们退休这么多年了也没间断学习。

编者絮语

这又是一个20世纪30年代出生的老高级工程师，有机会接受高等教育，出国深造，并实践自己的工作想法，做出了骄人的成绩，为国务院政府特殊津贴获得者。

访谈内容

吴冠男 老先生，您好！作为东北老工业基地的建设者，你们奉献了自己的青春，为国家工业建设立下了汗马功劳。作为老工业人，东北工业建设的亲历者之一，您能简要谈谈您的学习和工作经历吗？

赵雪荣 好的，我是1930年出生，家里是小商人家庭，我出生的城市是工业化比较早的，主要是洋务运动中兴起的工业基础。我读小学、中学的时候，学文化，学白话文，也写诗，也有道德教育。我很笨，家里孩子也多，我想我必须学习，因为作为中国人感觉受压迫，我们国家不发达才受欺负。那个时候的高考不是统一考试，想报哪个学校就去哪个学校报考。我是1947年上大学，大学毕业以后分配到东北有色局基建处工作，到抚顺301厂搞设计，1952年10月就去了俄文训练班，全国各地都有调到这里的，主要是给101厂、201厂和301厂培养技术人才。因为我们是接受苏联援建的156项工程之一，其主要的图纸资料都是来自苏联，俄文多，需要这方面的人才。俄语训练班的待遇是220工分，俄罗斯的老师，好像叫廖瓦，是原来在中国的白俄，不会中文，但是有助教兼翻译，对我们也很有耐心。但是当时我们并不知道要去苏联实习，直到10个月以后，1953年7月，我们一队38人，去了苏联工厂实习。我们38人中，大学生多一些，中专生和工人都有。我们去的乌拉尔卡明斯克铝加工厂，当时叫4号工厂。出于保密需要，工厂都用代号，保密制度很严，车间之间不能随意走动。我们实习生岗位都不同，我在模锻车间，做飞机锻件，发动机及其他部分的，还有一些学习做计划、检查等，根据我们国家建设的要求看主要实习什么方向。1955年1月27日回国，回到的东北这个工厂，这里有苏联援助156项工程中的两项，第一项我们叫板材型材铸造，第二项是模锻，主要是供给飞机和航天配件。工厂新的模锻车间，从安装到投产我都参与了。全车间800多人，机械师100多人，一开始我就是技术负责人，后来总负责工厂的技术方面。我的项目曾获国家科技进步二等奖，我一直在这个工厂工作到退休。

吴冠男 去实习的选派标准是什么样的？

赵雪荣 技术上各个方面都考虑，素质和要求很严格，工人一般要有工作经验，政治表现上还要外调，去原籍出生地等反复查档。

▶ 外调：外出调查的简称，与"内查"相对。主要是调查历史、出身、政治表现、社会关系等情况。适用于提干、发展党团员前的政审。

吴冠男 您去俄文训练班时的心态怎样？

赵雪荣 我们很高兴，认为苏联很先进，我们很向往。因为那个时候苏联的社会主义工业技术水平很高。

吴冠男 去苏联实习对外保密吗？

赵雪荣 是的，连我们自己都不知道，一次体检的时候，才听说是要去苏联的，离出国都快一个月了，家里也不知道，我出国以后才给家里去信。

吴冠男 出国实习辛苦吗？

赵雪荣 是的，我们工作很努力，因为国家给了这么多待遇，要对得起国家。虽然我们是技术人员，但是我们都上机器操作，上专业课，一周两次，讲机械、电气、冶金等。每周开会，做思想汇报。

吴冠男 出国之前给了什么待遇？

赵雪荣 国家给我们做了衣服，每人800元服装费。英国进口的料子，呢子大衣，水獭的领子。北京来的裁缝，量身定做，很郑重。

吴冠男 出国后语言怎样？

赵雪荣 出国前我们中国人之间交流都用俄语，中国人之间还可以，但是到了苏联以后听不懂，还是很困难，但是一周以后慢慢熟悉就好了，一般用语都可以。

吴冠男 业余时间做什么？

赵雪荣 有时候也去苏联的老工人老师傅家里，成人休假都去疗养院，我们也去过小孩的夏令营，去过两次。

▶ 疗养院：苏联在计划经济时代实行职工强制休假制度。职工每年都享有一定时间的带薪休假，去疗养院免费疗养。

吴冠男 回国以后，在工作岗位上发挥了怎样的作用？

赵雪荣 组织上对我们很重视，我们都是各个岗位的负责人，在工厂建设中发挥了重要作用。这是社会主义自己的工业，我们作为技术人员，也关心管理问题，规程其实是失败的总结。

吴冠男 你们作为技术人员，50年代在封闭条件下怎么学习新的技术？

赵雪荣 找各种来源，也有大学讲座，自己买一些书，但不多。应该说那个时代我们技术上模仿的多，自创的少。

吴冠男 1956—1966年工厂的技术进步是一个什么样的状态？

赵雪荣 开始技术上主要是消化吸收，进步不大。1958年以后，技术上我们一般找制造厂，找机床厂研究，根据情报上合金的成分，我们提要求，找合作单位，比如对炉子的改造等，有些有费用，有些是无偿的。大部分是通过项目才有钱，工厂自己没有钱（做技术改造）。

吴冠男 计划时代的技术革新和市场条件下的技术进步哪个更容易些？

赵雪荣 恐怕是市场体制下技术改进好一些，有效益就有动力，还可以贷款，技术革新在计划时代，非常难。

吴冠男　计划时代的技术创新动力来源于什么？

赵雪荣　对于工厂来说，就是配合，配合三机部、七机部完成任务。我们隶属的冶金部，科技经费很少。对设备的改造要通过项目才有经费。

吴冠男　您觉得好的领导有什么样的特点？

赵雪荣　好的领导大胆放手用人，鼓励你去做事情，实现想法。能够自由交谈，指引你工作的也是好领导。好的领导有远的眼光，铝卷设备改造的时候做的旧设备改造，就是宽的，是买的意大利设备，没有做得太窄，后来宽带板材需求大的时候，证明领导是有眼光的。

吴冠男　技术改进的困难有哪些？

赵雪荣　没有钱，没有外汇，是最大的困难。我们的技术改进第一要在1亿元以内，第二不准买新设备，必须在旧设备基础上改造。

吴冠男　技术改进是不是主要来自经验而不是大学理论？

赵雪荣　还是吸收别人的技术快一些，在这个基础上发挥，自己的创造在封闭条件下太困难，学校的学习基础很重要，吸收新的技术要依靠好的基础，才有想象力。

吴冠男　这个企业规模最大时候有多少职工？

赵雪荣　1.4万人，但是效率不高，现在人数少些但是效率高，管理方式也比以前好。

吴冠男　工厂的生产任务是如何确定的？

赵雪荣　任务是部里开计划会议，每年开计划会议，产品基本在计划会定下来了，比如一机部、二机部提出来要什么东西，也有临时任务，比如航空、军队的军品，计划会议有大概的规格，有的也不完善，后来逐步完善。市场经济以后就是自己跑销售了。

吴冠男　企业办社会的模式，企业负担了员工的福利，现在政企分开，您觉得哪一种好些？

赵雪荣　企业办社会不好，企业自己办，是那个时代没办法。但从工厂角度来说管不过来，那么多的事情都要管，工厂厂长还要管分房子，等等，是力不从心的。业务要分工，发展才能跟得上。

吴冠男　我们老工业基地建设时代是如何做到那么高的建设速度的？

赵雪荣　国家调动资源，可以集中力量办大事，对于工厂来说，借鉴技术，速度就提高了。

吴冠男　我们企业建设布局上对季风、气候，对环境和周围农民影响等方面考虑了吗？

赵雪荣 是的。

吴冠男 企业产品是按照什么标准制定的？

赵雪荣 最早时候产品按照苏联标准定的，因为是引进的苏联技术。后来自己的品种用自己的标准，自己的品种，自己定标准，由企业先拟订，部里同意，用户同意，再批准。

吴冠男 在自己定标准时，会不会自私一些？

赵雪荣 不会，是要我们企业性能试验以后，根据客户要求，客户还要试验。

吴冠男 大的、老的企业对于人才培养方面做得如何？

赵雪荣 我们工厂担负着人才培养方面的重要任务，铝材方面的专家、专业方向的毕业生都来我们企业，等到别的铝材企业需要人才的时候我们会无偿提供，要"三出"嘛，出铝材、出人才、出经验。

吴冠男 企业的科研经费是不是充足？

赵雪荣 对于企业来说，科研经费不多，因为科研投入太大，成本会增加，只是上面部里的项目有些科研经费。

吴冠男 我发现那个时代企业似乎对装备的技术改进很多，而不是对产品和工艺本身的技术改进？

赵雪荣 是。

吴冠男 是因为提供的装备不行造成的吗？

赵雪荣 这样，对于产品工艺的改进和对装备的改进应当是同步进行，比如最简单的工业炉，炉子的要求很严格，温度、氧气等（只能通过自己改进），压延也是这样，合金要求必须这样。

吴冠男 有没有提供好的装备炉子的？

赵雪荣 有，也是仿制的，仿制国外。但都是量身定制，而且自己的研究出来的很少。

吴冠男 生产线可不可以改动？对于有些产品气候条件有特殊要求的是否可以控制？

赵雪荣 可以，只是成本会高一些。

吴冠男 你们作为企业职工的生活条件怎样？

赵雪荣 生活条件不好，家里有自行车就很不错了，有个"三大件"都不得了。我们从老五屯买了台收音机，孩子天天听，第一次买电视的时候，孩子看电视都不睡觉。

吴冠男 从那个时代经历过，你们怎样看待生活本身？

赵雪荣　那个年代，早起就点炉子做饭，中午还要带饭，晚上回来就忙活做饭。困难时候还养几只鸡，休息一个星期天还要收拾卫生，拆棉裤棉袄，学习点儿资料，哪有活动时间啊！孩子我们也没时间管，只是晚上回来我看书，孩子也看书。现在生活容易简单多了，做饭用煤气，买馒头，有了很多业余时间。

吴冠男　经历了那些年的艰难困苦和努力奉献，你们自己觉得会有一种什么样的精神和信念？

赵雪荣　人生有限，应当多学习些东西，需要多做一些事情，才有人生意义，才有成就感，我们退休这么多年了也没间断学习。

吴冠男　您觉得工作中如何发挥一个人的个人才能？

赵雪荣　做人做事需要好的情商，做什么都得有人支持，能处理好各方面关系，才能更好地发挥自己的才能。

2016 年 12 月 29 日于哈尔滨市平房区

09

丘陆一
时代洪流下的低调人生

人物介绍

丘陆一,广东人,华侨,1928年生,原哈尔滨101厂高级工程师。

(我来基建计划科)之后不久,基建专家就来了,挺大个子,管得很严,严格到什么程度?建厂房的红砖要拿出数据,抗压、渗水强度、土壤成分一样一样都要看,所以厂房的基建能抗地震。那时候我们穷到地坪都是国外买来的,自己都做不起,用钢都是进口原材料在香坊的一个金属材料厂切割焊接起来,提供厂房的架子。正式开工是1954年挖第一锹土,市长都参加了。工厂批件是陈云亲自拟定的。

那时候生活水平、收入水平都比较低,有一年过年每人给配发三两肉,有时候只有人造肉,是用豆子做的。

我是华侨,旧时代就参加了地下党外围活动。我一辈子坎坷,我得感激我老伴儿。我都背后没有讲究过别人,多无聊啊!我写过入党申请书,1949年前写的,就一张纸,还没批,梅县就解放了。上级有一次找我在县周围转了一圈,一边溜达一边跟我说,支部研究了一下,觉得你还小,你先入团吧。我说我听组织的。我写了38年的入党申请书。

现在比过去生活好了,我们自己一台电脑,看视频,看新闻。在社会这个大染缸里要坚强,品德要好,不管怎么不能把人品扔了。要有好心,有好身体,有好学问。

坎坷一生终无怨,鲐背之年犹硕健。

编者絮语

成就伟大事业的过程不仅仅有英雄人物的光辉,也有不愿言说的曾经的小人物波澜起伏的跌宕人生。

访谈内容

丘陆一 我是 1928 年生人，我给王哲厂长当过秘书，老家广东梅县，我是印度尼西亚华侨。我早年参加过地下工作，我初中毕业以后当小学老师，参加白区地下工作，都是单线联系，我也不知道我们学校有多少地下党，算武工队吧。主要是发展组织，一个是就地解决武器，去找人追缴武器、丈量、宣传，县委大量发传单。廖戈，原来是我的同学，去福建念侨民师范学校以后回到梅州来，1945 年入了地下党。他经常来看我，给我传授革命知识，我对这个（革命）有所了解了，说解放军到长江了，他来了以后我帮他撒传单。知道我在撒，大家就知道我了，因为认识我的人太多，我说我得脱产，他说：你来我欢迎。

吴冠男 20 世纪 30 年代广东社会什么样子，您有印象吗？安定吗？

丘陆一 军阀统治，陈炯明在那里，不安定。打仗倒不多，白区地下工作薄弱，国民党驻军较多，边中（边区中队）消灭了不少据点，震慑了国民党。后来国民党撤走了，营盘都烧了。

吴冠男 经济发展怎样？

丘陆一 我印象里 1937 年回国，用银元，抗战不久就用纸钞，通胀，好几个亿值一个袁大头。

吴冠男 广东教育怎样，那时候都能上学吗？

丘陆一 客家地区对教育比较重视，一个屯子一个学校，我那个屯子四五十户，一个小学，初中不多，高中就比较远了。我家里穷，我上初中时候把印尼（印度尼西亚）带回来的首饰变卖了。

吴冠男 1937 年正值抗战，为什么要回来？家里是怎么考虑的？

丘陆一 那时候我爷爷 50 多岁了，印尼没有华文学校，我爷爷希望我们学习华文。在印尼一开始是私塾，老师也是客家人，一年以后，办了个私立学校，课本是从国内邮到南洋去的，有潮汕人、广州人，语言都不一样，学校采取普通话教学。我虚岁 7 岁上学，念了三年，学不到什么，感觉耽误了似的。送我们回国以后，我父亲刚回到印尼，抗战就爆发了。

吴冠男 您参军了吗？

丘陆一 梅县和平解放，就把我借到县政府工作，我刻钢板，宣传，发展无线电，我被调去学无线电，广播站。后来有培养干部的机会，我问领导我能不能去，领导说可以，县政府当时报名三个，统一到广州学习班补习数理化。全省有好几百人，现职干部，学了三个月，参加考试，我就被录取到了中国人民大学，学工厂管理，我们有一个进了本科，我进了大专。做梦也想不到我这样的也能上大学，校长吴玉章，人大是延安时期就有的学校，再后来改为名华北大学，再后来改为中央党校，校址在北京铁狮子胡同一个教会学校。本科在那里，我们专科在海淀区，民族学院附近。有一次苏联红旗歌舞团演出，我们也去看演出，北大、清华也去过，那时候都没有建筑，都在广场里演。我参加过北京大聚会，参加过给毛主席的演出，钢笔、吃喝都不能带，是半夜用大卡车送到天安门的。

吴冠男 您在中国人民大学读什么专业？

丘陆一 黑色冶金。在校时参观工厂现场，到天津看轧钢，到石景山看高炉，都是参观，学习时间很短。我大部分都是优，我学习成绩很好，老师比较年轻，苏联编写的教程也有，学马列，重点学历史，胡乔木写的中共历史。

吴冠男 艾思奇也在人大的。

丘陆一 是的，我见过艾思奇。我们当时学的都是苏联教程，学了10个月。毕业时候大部分有单位的就回原单位，我没有，就写的是服从分配。

▶ 艾思奇：原名李生萱，1935年参加中国共产党，抗日军政大学教员。长期从事马克思主义哲学研究工作，致力于马克思主义通俗化、大众化的宣传和教育。中华人民共和国成立以后任中央党校哲学教研室主任、副校长。其著作《大众哲学》影响了一代进步青年。

吴冠男 为什么没有回家呢？

丘陆一 回家没有专业发挥的地方。我们家那里（广东）没有钢铁工业，只有烟厂和电厂。白天不供电，只有晚间7点开始发电，到9点。冶金部发的车票，我就来了101厂。我们一起来俩人，学机械的，另一个现在在涿县（涿州）。

吴冠男 您来的时候工厂开工生产了吗？

丘陆一 没有，搞基建，天天穿防护袜子。去农村挖耗子洞，因为日本731细菌部队遗留下的嘛，有鼠疫、跳蚤，等等。

吴冠男 那能防住吗？

丘陆一 多少能防护一些。

吴冠男 您来的时候在什么岗位？

丘陆一 基建计划科，那里有大型机械。一个月34元钱，独身宿舍，吃饭得去厂内，厂内才有食堂，10号路门口有个青砖房，是食堂，还不是现在的第一食堂。我们在01楼上班，嫌远，后来挪到俱乐部，再后来到第二食堂那儿。之后不久，基建专家就来了，挺大个子，管得很严，严格到什么程度？厂房基建的红砖要拿出数据，抗压、渗水强度、土壤成分一样一样都要看，所以厂房的基建能抗地震。那时候我们穷到地坪都是苏联买来的，自己都做不起，用钢都是苏联进口的原材料在香坊的一个金属材料厂切割焊接起来，提供厂房的架子。正式开工是1954年挖第一锹土，市长等领导都参加了。工厂批件是陈云亲自拟定的。那时候生活水平、收入水平都比较低，有一年过年每人给配发三两肉，有时候只有人造肉，是用豆子做的。

吴冠男 材料采购上和香坊的加工厂之间也是单独核算吗？负责建厂的就这一个技术专家吗？

丘陆一 是的，负责整个厂房的基础部分都是这一个专家。

吴冠男 当时您知道是生产什么吗？

丘陆一 知道，供国防工业使用的，设立到平房区，紧邻着飞机制造厂，是有联系的。但是后来，我给厂长当秘书的时候，有一次厂长说，101厂放到哈尔滨是错误的。我说这个说法是不是太冒险了，他说，有啥说啥。

吴冠男 那时候就有人提这个了？

丘陆一 因为用材是抚顺往这儿运，现在看成本就太高了。

吴冠男 您觉得您来是作为技术干部还是管理干部？

丘陆一 管理干部。

吴冠男 和技术人员之间好相处吗？

丘陆一 好相处，即便很严格，关系也是不错的，科长以上的干部，除了王哲厂长这样的读过哈尔滨工业大学的以外，多数都是革命老干部，都不是专业的。

吴冠男 有色金属加工和您学的黑色冶金一样吗？

丘陆一 基本差不多。

吴冠男 那个年代的工厂管理是个什么样子？

丘陆一 刻板，不灵活，指令性决策，没有自由发展的空间。后来改革的时候，习惯于计划经济条件下的工厂管理转变到市场方式也是不容易的。

吴冠男 如果看到了这些缺点你会提出来吗？

丘陆一 不敢发言，也意识不到，没有那个意识。那时候觉得这是标准的，提出来也没用，你就固定在那个环境里。

吴冠男 您还记得哪个厂房是第一个交工的吗？

丘陆一 供应仓库，成品库旁边。后来旁边盖了平房。

吴冠男 咱厂开始时管理干部和技术干部什么文化程度的比较多？

丘陆一 投产后第一批的纯大学生少，中专生多。

吴冠男 大学生、中专生，在工厂中谁的贡献更大？

丘陆一　在我印象里，在我们厂，大学生吃不开，都是小中专的，大部分是沈阳色校（有色金属学校）的。

吴冠男　您觉得这是为什么？

丘陆一　中专一般学校小，考中专的一般社会关系不复杂。多半（车间、部门）一把手是中专生。

吴冠男　您是中共党员吗？

丘陆一　我是华侨，旧时代就参加了地下党外围活动。我一辈子坎坷，我得感激我老伴儿。我都背后没有讲究过别人，多无聊啊！我写过入党申请书，1949年前写的，就一张纸，还没批，梅县就解放了。上级有一次找我在县周围转了一圈，一边溜达一边跟我说，支部研究了一下，觉得你还小，你先入团吧。我说我听组织的。

吴冠男　您后来泄气了吗？

丘陆一　没有，我写了38年入党申请书。

吴冠男　退休以后想回广东吗？在东北生活习惯吗？

丘陆一　最后一次是1989年回去的，现在不想回去了，习惯东北了。

吴冠男　建厂初期的工人家属区属于工厂建设和管理，现在政企分开归社区管理了，您喜欢哪种家属区管理方式？

丘陆一　以前治安好一些，我开始结婚的时候都不锁门，薄薄一层木门板。原来工厂管理家属区，现在工厂不管了，总感觉社区管理无力。我住处邻居来了一个精神病人，总到处闹，全楼都不消停，社区也管不了。我现在出来租房子了。从前的家属区，出来进去都一个单位的，都是熟人，现在外来人多，都不认识，气氛上不是一个感觉。

吴冠男　工作以后有没有什么继续培训、深造的机会？

丘陆一　没有，我退休以后有一个忘年交朋友教会我电脑，我身体还行，我写了两句诗，你看看：坎坷一生终无怨，鲐背之年犹硕健。

吴冠男　作为老一辈人，怎么看待现在的生活？

丘陆一　现在比过去生活好了，我们自己一台电脑，看视频，看新闻。在社会这个大染缸里要坚强，品德要好，不管怎么不能把人品扔了。要有好心，有好身体，有好学问。

2017年7月15日于哈尔滨市平房区

10

赵广志

能够逾越职业角色的人生态度和
无法逾越职业角色的人生命运

人物介绍

赵广志，1938年生，1956年参加工作，原哈尔滨101厂生产工。

我在103车间工作了20年，矫直工是一个生产工种，一直都有。工人就是这样，干哪行就哪行，干什么就要认真，有标准，不能说几级就是几级。工作量大就三班倒，否则是两班倒，下午4点到半夜12点，三班就从夜里12点到早上8点。水压机上经常就是三班，淬火炉上必须三班，否则就空了炉子了。来料上有处理卡片，上面写着进入哪道工序，什么规格，车间计划股出卡片，按照这个卡片实施，取试样，检查。工人有组长，上面有工长，再上面是段长。矫直工有矫直工的组长，组长分配任务，段里有各个组，淬火炉组、拉伸组，生产的按照工序分。如果产品不合格，或者设备有问题，要找技术员。

一样工作，有细心，有不细心的，细心的人看得透，他琢磨。产品检查，我说你看不行的拿出来，我处理。我能干，关键是我自己的活儿我能处理明白，我和同事的关系都很好，对自己的活儿有信心。

（有关提干）不能说没干啥（想过），但是咱的性格不好。（停顿）看了那么多书，曾经也准备了，但是社会条件也不行，你寻思你有能力就能上天啊，那时候难，难啊。

自己的活儿得干明白了，别整得乱七八糟的，人得讲究仁义，做事要符合道理，不懂的不能装懂。

编者絮语

我走上室外楼梯的五楼，在稍显斑驳的平台上逐一门口寻找着25号门牌。这时旁边的窗子被推开，一张稍显丰腴的脸问道，是找我的吗？……待他一点点挪到门口打开门，我看到一双由于脑卒中血液循环不好而黝黑的手，以及苍老而雪白的胳膊。在这个人口快速流动的时代，我们很难想象一个在同一个车间、同一个矫直工工位上连续工作20年的平凡的生产工人，为宏大辉煌的工业建设所做的难以渲染的平凡付出。

访谈内容

吴冠男　赵叔叔，您好，我想听听您和您那个时代的故事。

赵广志　是关于城市的，还是关于工厂的？

吴冠男　是关于工厂的。

赵广志　嗯，好，等我先把电饭锅插上电。101厂是1953年筹建的，铝合金加工厂，来的领导都是部级干部，1956年开始生产。1956年前培养的人才，加上各个工厂调来的，到1956年9月投产的时候有职工2500人。段、股级以上大部分是部队转业的干部，工人年轻的多，老工人也有，鞍山来的，但很少。因为是轻合金厂，中国从来没有，工人自己摸索着生产。1956年新项目来了一批人，1958年又扩充了一批，所以主要的来人就是1953年和1956年。知识分子（这里主要指工程技术人员）主要是沈阳有色金属学校、东北工学院毕业来的，再以后就从各地院校要人来了。后来扩张了铝合金型材、棒材，全国的铝都送到这里来，后来扩建的车间有105模锻车间，107铝箔车间，109薄板车间。产品有112、117、1122、172，都是飞机上的件儿，各个部的订货。60年代增加了大管，军工产品，职工也接近到了1.3万人。最开始的铝材产品供给做飞机、大炮，什么都有，棒材、板材，需要什么规格就生产什么规格。最开始都是军品，到60年代才有民用的，也有朝鲜买铝材，1960年就有产品出口了。

吴冠男　您个人的工作经历是怎样的？

赵广志　1956年我小学毕业，招工来的，来了就在103车间。工人里面当兵的多，文化水平都不高，那时候举办很多夜校，等等，提高文化水平。我参加工作的时候哈尔滨城市27万人口，之前的哈尔滨没有什么像样的工厂，几个像面粉厂就算是大的了，只有那儿才有工人，其他都是乱糟糟的，还有一个飞机修理厂。我家条件不好，小学毕业就工作了。招工的时候考试，数学，语文。一个月的工资给92工分，干部有给180、200（工分）的，按照级别给。招工也检查身体。招工的时候没说什么工种，进来上3个月技校，学纪律，学基础。水压机，拉伸机，淬火炉，这厂子设备厉害，厂房也大，厂房就有一华里。分工种，我是矫直工，出来的板子和型材很长，需要拉伸矫直。用两个夹子夹着，蘸完火有弯儿，先拉伸，之后检查看合格不合格，不合格的话矫直工来矫直，之后检查再包装。拉伸工，矫直工和检查员，有师傅带着，和原来苏联的建制规程都一样，徒弟定期考试，一年出徒，二级工以上就可以带徒弟了。我在103车间待了20

年，矫直工是一个生产工种，一直都有。工人就是这样，干哪行就哪行，干什么就要认真，有标准，不能说几级就是几级。工作量大就三班倒，否则是两班倒，下午 4 点到半夜 12 点，三班就从夜里 12 点到早上 8 点。水压机上经常就是三班，淬火炉上必须三班，否则就空了炉子了。来料上有处理卡片，上面写着进入哪道工序，什么规格，车间计划股出卡片，按照这个卡片实施，取试样，检查。工人有组长，上面有工长，再上面是段长。矫直工有矫直工的组长，组长分配任务，段里有各个组，淬火炉组，拉伸组，生产的按照工序分。如果产品不合格，或者设备有问题，要找技术员。我后来身体不好，1998 年就退休了。

吴冠男　在生产一线，生产工搞技术革新吗？

赵广志　也有啊，要提题目，要上面批准。

吴冠男　您身边有劳模吗？

赵广志　有，有干活儿干得好的当劳模。有的人干活儿好，但是脾气不好，关键时候必须要他解决问题，这样人什么都明白，能点出毛病在哪儿。

吴冠男　为什么有的人能整明白？

赵广志　一样工作，有细心，有不细心的，细心的人看得透，他琢磨。

吴冠男　您自己评价您怎么样？

赵广志　产品检查，我说你看不行的拿出来，我处理。我能干，关键是我自己的活儿我能处理明白，我和同事的关系都很好，对自己的活儿有信心。

吴冠男　有没有成品率考核之类的？

赵广志　有。

吴冠男　您对工作的态度和信念是什么？

赵广志　自己的活儿得干明白了，别整得乱七八糟的，人得讲究仁义，做事要符合道理，不懂的不能装懂。

吴冠男　谁给您的这种观念呢？

赵广志　是毛泽东，毛泽东、列宁的书我都看。

吴冠男　您也看毛泽东的书？

赵广志　毛泽东，文学、历史我都看，我一辈子看书看到 70 岁，得了脑血栓，不看了。之前还写几句诗，现在写不动了。

吴冠男　您眼睛怎么样？

赵广志　眼睛还行。

吴冠男　那就继续看书吧？

赵广志　不行，脑袋记不住，手也抖。以前年轻那时候一般吃完饭，我就出去溜达，回来就看书，孩子们闹自己的，要不我就找个肃静地方。他们说，那小子啥都明白。哈哈，我觉得人活着，该学的该看的，要去学。

吴冠男　您有没有考虑提干（从工人提升到干部）啊？

赵广志　不能说没干啥（想过），但是咱的性格不好。（停顿）看了那么多书，曾经也准备了，但是社会条件也不行，你寻思你有能力就能上天啊，那时候难，难啊。

吴冠男　对您个人来说，谁对您影响大？

赵广志　毛泽东对我的影响很大。

吴冠男　您怎么看待工人群体和知识分子（技术人员）群体？

赵广志　多数，这两部分人大多数都是对的，但是哪方面都有不同的想法。人群大，工人多数和知识分子的观点是一样的，知识分子也都是毛泽东培养出来的嘛。我那么多朋友，都是知识分子，有不少是干部家庭的呢，工作中相处得也都非常好。

吴冠男　您会不会觉得自己的孩子当工人不好？

赵广志　没有，当什么都应当耿直、明白，不能自私，不能光顾自己不顾大多数，你们也要教育孩子这些品质。读书的目的也是要品德好，有的人家重视仁。

吴冠男　如果可能，您也想要您的孩子多读书？

赵广志　我两个女孩读到高中，一个儿子后来考了警察。人的品德很重要，要本分，要看书。

吴冠男　您是一直在103车间吗？

赵广志　是的，后来身体不好，跟领导说，他说：那你去教育科吧。我去了教育科，工作了10年，后来又去了107铝箔车间。

吴冠男　我能感觉到您是一个心地善良的人。

赵广志　我的观点是，不能因为犯了毛病就置于死地，都是在一起工作的同志，有点儿小毛病要教育教育，但是不能因为私人恩怨置于死地。

吴冠男　您毕业的时候有没有考虑参军？

赵广志　1956年免役（没有征兵），1956年黑龙江兵太多，免役。

吴冠男　您没有考虑招工去别的厂子吗？

赵广志　当时伟建厂也招，但这个厂子整得硬，就来这儿了。

吴冠男　那个年代您看书从哪里买？

赵广志　从古旧书店买，去市里。你要想看，就想办法呗，总有办法。《毛泽东选集》买到了，有卖的，马恩的书都有，要便宜买单本的，不买成套的。条件变好了，城市变化大了，1956年的时候工厂区这里才多少人，有两三万人，现在都10多万人了。

吴冠男　你们来的时候住的哪里？

赵广志　刚开始宿舍，这些楼是后来才续接到五层的，原来是三层。结了婚以后住的是红砖平房。

吴冠男　这里曾是日军细菌部队驻地，你们来的时候有细菌吗？

赵广志　有啊。

吴冠男　害怕吗？

赵广志　怕啥呀，1956年搞防疫呢。发的长白袜子。

吴冠男　开工生产开动大机器耗电，电力供应能保证吗？

赵广志　开始也有供不上的时候，民用电要给工业用电让路，开始供不上的时候还有列车电站，后来工厂自己盖的变电所。

吴冠男　103车间噪声大不大？

赵广志　不小，主要是水压机的噪声。

吴冠男　生产纪律严格吗？

赵广志　严格，车间之间不许串动，要持证。

吴冠男　工人业余时间做些什么？有什么娱乐活动？

赵广志　打球，看演出，都单位组织。现在没有了，现在单位一般不组织了，都是看电视了。

吴冠男　您会不会跟孩子讲以前的事？

赵广志　不讲，跟他们讲有啥用？（叹息）

吴冠男　您是老两口住吗？

赵广志　就剩我自己了，老伴儿去世5年了。中午我电饭锅热热，早晚我从外面找了个人做饭，洗被子、衣服，收拾屋子，自己啥也干不了了。

吴冠男　家政一个月多少钱啊？

赵广志　1300元。

吴冠男　现在还能出去溜达吗？

赵广志　偶尔吧，不行了，走不远。

吴冠男　感谢您和我一起聊这些。

赵广志　我现在不行了，要不我给你们做口饭吃。（慢慢起身）

吴冠男　你的手血液循环不好,经常搓一搓,加强血液循环。
赵广志　没事儿,走吧。(流泪)

2016 年 7 月 6 日于哈尔滨市平房区

11

卢智深

伟大成绩淹没在不可诉说的人生经历里

人物介绍

卢智深，1931 年生，1952 年参加工作，原哈尔滨 101 厂总工程师。

我觉得咱们如果没有相当的工业基础，他们（留美专家）回来也没有用。我认识当时核工业部的一个副部长，我们很熟，中华人民共和国成立后，他从美国回来就做肥皂，为什么呢？因为我们做不了别的，工业基础我们啥也没有啊！中国的第一个，工业各行业的第一个很多都在东北。

但是我们问心无愧，年轻时代工作忙忙活活的，也出过错，但没有腐败。80 多岁了，也不想那么（高调），工厂有发展，个人有退休金，希望国家兴盛就行了，不追求，没牢骚。这也是对你们这一代的寄托和希望，一代一代就是这样的，老实讲不奢望太多。

编者絮语

千回百转，我们进入的又是一个旧式的普通房间，房间没有一件现代化的电器，但布置简洁整齐。老先生带着满腹疑问开始我们的话题，谈到工作与人生的动情之处竟没有了戒心，娓娓道来亲历的那些历史，满是淡泊从容。工作、奉献似乎成为这一代人的存在方式，深刻嵌入他们的生活中，他们的回忆中。对于人生感慨万千，奈人生苦短，霜鬓垂老，仿佛还要再奋斗百年才甘心。

访谈内容

白　冰　卢老先生，您好，请问您是哪里人？
卢智深　我是辽宁人。

白　冰　您是哪年生人？

卢智深　我是 1931 年出生，今年 88 岁，走道都走不动了。

白　冰　您是怎么来到哈尔滨的？

卢智深　当时东北人民政府工业部有色金属管理局去我们学校挑一批学生，到俄语专科学校做培训，准备去苏联实习，之后回国到 101 厂参加建设。学校把我选中了。

白　冰　通知您也是突然告诉的？

卢智深　突然告诉的，那时候还很神秘，家里知道出国，但是具体情况不知道。

白　冰　那您会不会想家啊？

卢智深　会想，但是还是想去。1952 年就去了东北人民政府工业部有色金属管理局在抚顺办的俄语训练班。1953 年 7 月我们就出国了，当时一共 38 个人，在沈阳坐国际列车。带我们去的，是高级知识分子，延安的干部，后来任东北人民政府工业部有色金属管理局的局长。那时候我 24 岁，1955 年 2 月我回来的。在苏联待了一年半，先去的莫斯科，在大使馆待一周，当时的大使是张闻天，我们都见了。给我们的配发服装相当于 800 元人民币，西装、呢子大衣、衬衣、袜子都有，当时吃饭一个月 10 元就够了。一个月津贴 800 卢布，大约 400 元人民币，后来国内经济紧张，我们主动降低到 600 卢布，回来剩下的就交公了。我剩了 400 多卢布，给工厂买技术图书了。

吴冠男　您当时在哪个车间？

卢智深　103 车间。

吴冠男　您原来学什么专业？

卢智深　有色金属加工。

吴冠男　技术代培时期情况是怎样的？

卢智深　我们在乌拉尔工厂，叶卡捷琳堡。一般半天实习，半天听课，晚上自学。

白　冰　语言上是怎么适应的？

卢智深　开始不行，后来逐渐熟悉嘛，一直在学嘛，包括俄训班，另外主要是专业上的词汇多，给我们也配翻译。

白　冰　大概多久适应的？

卢智深　几个月就适应了。在这儿（中国抚顺）训练了一年呢，给我们教课的也有一个白俄教师。

吴冠男　您学过几种语言？

卢智深　伪满时期我学日语，日语都能对话了，年轻人学得可快了。伪满以后我还学了几天英语，后来又学俄语。

吴冠男　我听说苏联那个工厂是美国帮助建的。

卢智深　是的，"二战"时候美国援建苏联的。

吴冠男　他们的技术人员都是哪里毕业的？

卢智深　哪里都有。我的实习老师、车间主任，后来援建的时候也来101厂了，我们又见面了。

白　冰　你们在苏联期间业余时间有娱乐吗？

卢智深　周六也休息，但是大家觉悟水平在那儿，不敢玩，不敢偷懒，国家拿这么多钱培养我们，哪好意思总玩啊！我们也出去玩了几次，帮助割麦子啊，夏令营啊，跟孩子去。在那儿待两个夏天，两个冬天，也很奇怪，你看苏联纬度那么高，并不比这里（哈尔滨）冷多少。

白　冰　你们实习的专业方向有分工吗？

卢智深　有，有管理的，有技术的、机械的、电气的、加工工艺的，我是工艺的。加工工艺里的也不一样，有板材的，有型材的，那是有分工的。

白　冰　回国以后定向回的101厂吗？

卢智深　是的，出国之前就知道。

白　冰　知道出国，您家里高兴吗？

卢智深　高兴。

吴冠男　工厂的建设和发展中重视你们吗？

卢智深　很重视，我们回来都是技术骨干分子，我们是搞这个专业的嘛！

白　冰　回来是自己干吗？自己独立开展工作吗？

卢智深　主要是自己干，当时咱们的技术水平全亚洲都是最先进的，国际上也不落后。

白　冰　那技术上呢？

卢智深　模仿人家是一模一样的，因为你是零，你不会干啊，你就必须得照搬，照搬都不一定搬好，兴许走样呢，但那种条件之下照搬是对的。图纸都是苏联的原图，你得学会了以后再发展，一步一步来，现在看当时照搬是对的。

吴冠男　您退休以前是在什么岗位？

卢智深　我是总工程师退的休。

白　冰　您是哪年退休的？

卢智深　我延迟退休了，返聘了一阵子。那时候缺乏技术人才。

白　冰　您退休时候工资还分级吗？

卢智深　1993年那时候不分级了。我刚回国时候工资50多元，也能养家。给技术员记280工分，相当于58元，一分两毛多。工人一百八九十分工分。

▶ 工资分：中华人民共和国成立初期，工勤人员实行配给制度。1952年7月，政务院工资改革，实行工资分制度。1955年，国务院改革配给制与工资制并存的制度，废除工资分，实行货币工资制度。

吴冠男　在苏联吃饭习惯吗？吃中餐还是西餐？

卢智深　西餐，我们实习的有自己的食堂，偶尔也吃点儿中餐，主要是西餐。

白　冰　您怎么看今天的东北振兴政策？

卢智深　我看还是能够振兴，不会落后的，咱们的工业技术基础是不错的，就是观念比较旧，我有信心的。今年我们又参加单位组织的关于工厂改革的讨论，改革开放以后我也出去学习好几次，学人家的先进技术还是对的。

白　冰　和先进国家的技术相比较，我们怎么样？

卢智深　他们的先进也不一定都比苏联的先进，我们是哪儿先进学哪儿，技术没有阶级性，都是谁先进学谁。

吴冠男　您觉得老工业基地改造应该多从技术上还是多从管理上下功夫？

卢智深　都需要，最主要是观念上要进步。但是，改造需要钱啊，需要投资，比如我们现在这个二次改造，就没有那么理想，没有那么多钱，但不用悲观，不会差的。

白　冰　有一种说法，说中国的工业基础是美国的专家和技术，钱学森啊，等等，那么中国的工业化是不是留苏的人才贡献更大呢？

卢智深　这个问题是这样看：我觉得咱们如果没有相当的工业基础，他们（留美专家）回来也没有用。我认识当时核工业部的一个副部长，我们很熟，他从美国回来就做肥皂，为什么呢？因为刚解放时我们做不了别的，工业基础啥也没有啊，苏联援助以后才开头。中国很多的第一个，工业各行业的第一个很多都在东北。

吴冠男　你们作为老工业人，事迹和精神都值得弘扬。

卢智深　我们问心无愧，一辈子工作忙忙活活的，也出过错，但没有腐败。80多岁了，也不想那么（高调），工厂有发展，我们有退休金，希望国家兴盛就行了，不追求，没牢骚。这也是对你们这一代的寄托和希望，一代一代就是这样的，老实讲不奢望太多。

吴冠男　您真是太谦虚了，感谢您！

2016 年 1 月 1 日于哈尔滨市平房区

12

王成玉

**本分、专注与超凡的耐心
是一个工匠最精华的品质**

人物介绍

王成玉，原哈尔滨 101 厂机修部焊工。

那时候比较艰苦，我们来的时候都没带行李，首长说，小鬼，你们什么都不用带。但是来了以后，到 07 楼一看，床上只有榻榻米稻草的垫子，都没有褥子，多亏我们带了单子。第一天吃饭不要粮票，第二天说要用粮票，我们以为和部队一样都能免费管饱呢，但是吃了半饱没有饭了，那时候缺粮食，我们很惊讶，第三天发粮票，一个月给我 33 斤，一顿才三两，有不少人都走了。

过了一年多，我就基本都能干了。我找铆焊段的研究，黑色好焊，有色的过去没有挤压都是焊接，铜铝接头之类的都是焊，那时候没有氩弧焊，都是气焊，乙炔气焊，焊铝就不行，要用氢气。我就找些书，氢氧化钠化了，铝加火碱就提出氢，再加氧再焊，铝有氧化膜必须破坏掉以后才能好焊。铝的成分复杂都得焊，我是做维护的，必须做。要是生产车间，焊缝就行，一道工序而已，不接触太多，但是搞科研，我这里就必须试验。

编者絮语

他曾是军队的炮兵，中共党员，政治素质好，老工人，焊工，为人本分、正直，业务专，工匠精神的代表。叙述逻辑差一些，在人物的叙事性回忆中，非常典型的，更愿意按照工资数额划分所经历事件的分期。

访谈内容

王成玉 我是从辽宁转业来到 101 厂，我在当兵的时候是炮兵测绘。当时 101 厂要人，给我们部队几个指标，单位领导说，你们几个小鬼去吧。我就来了。

吴冠男 你们来的时候有房子吗？

王成玉 只有这几个楼房。我们都没有自己的房子，开始住独身宿舍，在 07 楼那里。后来各个车间自己在老头商店附近盖房子，平房，叫做建工作房，是各个车间自己盖，车间有能力就自己盖，然后自己分。我是来得早，他们大学生来得晚，我就排在前面，单位分房子按照条件综合排名，203 车间盖了一栋，六家，我是一个。要是没有结婚的就没有条件要房子，都是住独身宿舍。再后来我去了红砖房那一片，也是平房，那是 1963 年了。

吴冠男 刚来的时候，您在什么工作岗位？

王成玉 我来的时候开始在生产车间，三组，管、棒、型、线的岗，总倒班，我不想倒班。我那时候年轻，长得和你一样，挺好的。张林申和我说，你也是党员，来我这儿充实充实党组织力量。我们都是辽宁来的，车间的主任挡着不想让我去，后来张林申指名要我，我才去的。去了，问我学啥，我说学焊工吧，车间那时候不少焊工学完就跑了，去外地干活儿了。有个叫 ×× 的，在咱厂是一级工，给 45 元，到了大庆八级工，挣 80 多元钱，这边不给放档案关系，人家啥也不要就走了。后来又培养一个，也不行，于是我就当了焊工。我去了 101 车间实习，实习了两三个月，到了 203 车间。203 是科研单位，大学生多，我在这个车间的机加段。

▶ **档案关系**：计划经济时代，企业依靠人事档案管理劳动关系，人员依靠分配、招工、调动等半行政方式建立和转移劳动关系。而粮食配给、福利补贴等均以档案关系为基本依据。

吴冠男 实习那么短的时间能行吗？

王成玉 工作需要啊，就得自己苦学苦练了。我也去学习班，有焊接班，夜校，厂子办的，我还有中级证书呢。那时候有全日制的，还有夜校。全日制的后来教育局承认学历了，工资都给涨了，按照中专学历给对待了。

吴冠男 刚开始来的时候条件怎样？

王成玉 那时候比较艰苦，我们来的时候都没带行李，首长说，小鬼，你们什么都不用带。但是来了以后，到 07 楼一看，床上只有榻榻米稻草的垫子，都没有褥子，多亏我们带了单子。第一天吃饭不要粮票，第二天说要用粮票，我们以为和部队一样都能免费管饱呢，但是吃了半饱没有饭了，那时候缺粮食，我们很惊讶，第三天发粮票，一个月给我 33 斤，一顿才三两，有不少人都走了。后来我调到机加（工段）。杨一国那时候搞球磨机磨铝粉，有一天倒完 4 点班，他跟我说，他们寝室的一个人，铺盖卷儿起空

（没有）了。他走了，因为吃不饱啊。在这儿，没房子，吃的不行，找对象困难，工人不愿意在这儿了，女的少，厂级干部也就30多岁。我大舅在辽宁，跟我说，你也回来吧。我没走，我那时候快要成家了。

吴冠男　您觉得焊工从零开始，多久能成手？

王成玉　过了一年多，我就基本都能干了。我找铆焊段的研究，黑色好焊，有色的过去没有挤压都是焊接，铜铝接头之类的都是焊，那时候没有氩弧焊，都是气焊，乙炔气焊，焊铝就不行，要用氢气。我就找些书，氢氧化钠化了，铝加火碱就提出氢，再加氧再焊，铝有氧化膜必须破坏掉以后才能好焊。铝的成分复杂都得焊，我是做维护的，必须做。要是生产车间，焊缝就行，一道工序而已，不接触太多，203搞科研，我这就必须试验。试验之后是给102车间，按照国家的指标给交到车间生产。203的焊工比其他的复杂，有一次，103车间3500吨（水压机）的副缸漏了，当时组织人研究怎么焊，也和哈尔滨焊接研究所一起研究，因为有不少工作关系，选什么焊条，还不能影响强度，等等。老师傅说小王技术行，来吧，人家都是七级、八级工，我是三级工，叫我去了。缸子要在高温下施焊，要不温度低了，缸子就裂了，必须保证温度。我们干了半个多月，最后加上（压）了，正常了，因为那是从苏联进来的东西，坏了没法弄。焊工好几个，焊道好几个，每天8小时，分段干，纯铁垫底，焊条材质成分也有工艺要求，我那时候比较钻，我在年轻的里面技术是最好的，否则不能要我去。

吴冠男　您最高到几级工？

王成玉　我挣111元，应该是七级工。

吴冠男　感谢您！

2017年8月9日于哈尔滨市平房区

13

王汉超

开朗乐观、有公差的生活态度和严谨认真、无公差的工作精神

人物介绍

王汉超，原哈尔滨101厂车间主任、党总支书记。

1950年的时候，中国人民大学成立了，国家不招生，给各省名额。因为我是积极分子，刚入党，干啥都在前面，那时候得疟疾，带病工作在前面，筹备处有两个名额，就给了我一个。我就去了中国人民大学深造。李先念给开的介绍信，我想，好事都让我赶上了。2月去报到，10月正式开学，典礼上，朱德、刘少奇、王光美都去了，讲了话。学校有外交、工管、企业计划、煤炭等等七八个系，我是工管系，因为我是工会来的。刘少奇说了几句俄语，我头一次听到（用俄语复述），说是毛主席接受苏联建议成立的，陕北公学的底子。当时学校就在段祺瑞政府原址那里。

比如1952年的中专生比1953年的大学生多，当干部的，但是都是从生产实践中磨炼出来的。在企业，这种生产实践的磨炼特别重要，所以在实践中，没有学历也评职称还是比较符合实际情况的，上学时打基础，工作中每个人用的却都不一样。

编者絮语

在20世纪80年代工厂文化大楼里，一个干部将一个小男孩抱起，对男孩的父亲说，这是第三个孩子了吧？——这是男孩对35年前的模糊记忆。今天，看着眼前鹤骨霜髯的老人，我差一点儿流出眼泪来，人世间，最幸运的莫过于，孩已长大，而英雄未老。

访谈内容

吴冠男　王老，您好！您今年90岁了吧？身体怎样？

王汉超 还好，还能打乒乓球。

吴冠男 我听说您年轻时是南下工作团的？

王汉超 是的，我是中华人民共和国成立以前在大连上的小学，日战区，日本人不让中国人上中学。小学毕业以后，我干过很多活儿，还做过马车夫。1946年以后我在大连参加工作，在工厂管理局当通讯员。1947年去了度量衡鉴定所，工作到1949年3月，主要工作职责是没收旧秤，改制16两一斤为10两一斤，1948年年末去度量衡厂。1945年以后，共产党在大连，因为是民主政府，国民党想接管也接管不了。1948年苏军撤回去了，1949年3月要求支援前线。我就报名去了南下干部学习班，各个机关学校有志青年，纷纷报名南下。

▶ 南下工作团：解放战争期间为接收和管理新解放区，中共中央批准中国人民解放军第四野战军（以下简称"四野"）成立南下工作团，吸收解放区进步学生，跟随四野南进。

吴冠男 有没有危险啊，是不是去前线啊？

王汉超 当然有危险，就相当于参军了。

吴冠男 您当时是中共党员吗？

王汉超 那时候还不是。

吴冠男 害怕吗？

王汉超 不害怕，我是团员，那时候叫中苏友好协会会员。学习了三个月，1949年4月离开大连，大连市委书记那时候是任仲夷，后来当过黑龙江省委书记，他送我们上火车。等到沈阳，下了火车，休息了几个小时，四野的部队都步行，我们是照顾对象，坐火车，接管城市的。到了天津，黄克诚给我们讲，你们原来是要到南京去，现在南京解放了，你们去武汉。于是我们去武汉军管会，下了火车，又坐船到汉口，到了武昌军管会。

吴冠男 一起去的有多少人？

王汉超 东北有三个大队，大连、沈阳、哈尔滨三个接管大队，大连有200多人。到了武昌，我们接管市政、市工会、商业、屠宰业等，去推翻国民党，选举自己的组织。开始在武昌高级法院住的，后来被派到武学镇，那里离庐山近，接管国民党的工会。工作队就住在那里，碾米、屠宰等服务业的等等都接管。

吴冠男 我听说南下工作团很危险？

王汉超 有危险。在武昌，我同事早上上厕所，被国民党特务用砖头打死了。

吴冠男 你们着军装吗？

王汉超　是的，咱们说话口音也不一样，人家一看就知道。到下面去征粮，坐小船到江边，接我们的是地方武装，天天都会死人，那时候我19岁，也不知道害怕。背个大盖枪执行任务，到县里七八十里路，路过老乡家就拿粮票换点儿吃的。

吴冠男　武昌的老百姓对你们怎么样？

王汉超　挺好。

吴冠男　对您个人来说，南下工作团的工作经历对后来有什么意义？

王汉超　四野在当时很有影响，我作为四野成员很光荣，大潮流，好多人挺羡慕我。我积累了很多工作经验，是党和军队的学校培养了我。

吴冠男　管理像武昌那么大的地方，需要多少人？

王汉超　几千人。李先念在湖北省总工会筹备处庆祝"五一"，来到我们这里，我们头一次吃八宝饭。咱是穷人，在大连都是苞米面饼子，吃长江鱼，感觉很好吃。李先念说，我是木匠，你们都是工人阶级，咱们都是一家人。他也是军区司令员，后来回到武昌，筹备各行各业的代表选举。1950年的时候，中国人民大学成立了，国家不招生，给各省名额。因为我是积极分子，刚入党，干啥都在前面，那时候得疟疾，带病工作在前面，筹备处有两个名额，就给了我一个。我就去了中国人民大学深造。李先念给开的介绍信，我想，好事都让我赶上了。2月去报到，10月正式开学，典礼上，朱德、刘少奇、王光美都去了，讲了话。学校有外交、工管、企业计划、煤炭等等七八个系，我是工管系，因为我是工会来的。刘少奇说了几句俄语，我头一次听到俄语（用俄语复述），说是毛主席接受苏联建议成立的，陕北公学的底子。当时校址就设在段祺瑞政府旧址那里，后来建的新校舍，毕业时候典礼在新校舍举行的。

吴冠男　您见过艾思奇吗？

王汉超　给我讲过课啊，个不高，戴眼镜，四五十岁了。其他的比如俄语课，毕业我基本上都可以和老师对话了。上学期间，朝鲜战争爆发，我们上街宣讲，号召大家出钱出力，支援抗美援朝。1953年7月17日，毕业典礼。我们学钢铁冶炼管理，国家没有培养有色金属冶金专业，就把我分到有色金属加工101厂，说我得改行，我们同学也好多改的。有色属于轻金属，我们学的是黑色（金属）。在学校没有接触过，温度、成分、工艺都不一样，到这里来才现学的。我来了还没有建厂，先到筹备处，再到基建科，几个月后当党小组长。

吴冠男　您来的时候这里什么样？

王汉超　啥也没有，只有 01、02、03 楼，那时候的人员都住在老五屯（附近的一个农村），租住，建厂以后才搬进来。01 楼是厂部，人事科把我借来。咱们甲方得供乙方图纸，但是图纸没有影印设备和人员，让我去招人，招影印专业人员。在市里总工会开的介绍信，去沈阳总工会问有没有这种人才，去阜新矿务局，那里有影印社，看能不能支援，咱们是 156 项工程之一，全国都支援。我一核计，都有什么需求，条件是什么，年轻年老的，将近退休的，家属等等，和工厂报告就带回来了。工厂一看，真行，把技术和人都带回来了。供乙方图纸有保证了，厂里说不要回基建科了，我就在人事科管干部。中间去 101 车间做一段时间计划管理，开工以后我回人事科，1959 年当副科长，一直到 1960 年我去了中心实验室，当车间书记，1964 年抽我到香坊油坊公社工作了两年。

吴冠男　这时候您成家了吗？

王汉超　成家了。

吴冠男　那您自己去的香坊公社？

王汉超　是的。

吴冠男　在 101 和 201 车间，有什么区别吗？

王汉超　有区别，虽然都是党的工作，但是在 101 更基础一些。在 101 车间段长也倒班，三班倒。工作 24 小时，休息 48 小时，一天一宿然后休班。

吴冠男　我听说您在工厂成立的半工半读学校做过校长？学校是个什么性质？工厂单独成立的组织吗？

王汉超　全国让各个工厂都成立半工半读学校，从工厂派干部去做教导主任、教师，教技术课。学生是从初中毕业生招来的，相当于现在的小中专，为工厂培养工人一线骨干。

吴冠男　工厂来人不是都招工吗？

王汉超　但是这个要求初中毕业，比招工级别高，后来还给他们补发了中专毕业证，因为工读学校我当校长，后来都找我。他们工人都变为干部了。

吴冠男　咱们作为国家投资 156 项工程之一的大工厂，和一些小的工厂相比，工人素质、纪律、规矩程度都高一些，是什么原因？

▶干部：这里所说的干部是泛指，在计划经济时期，国有企业人事管理分为干部编制和工人编制，干部编制含技术人员、管理人员，是在编制上和工人相对应的概念。

王汉超　原来底子就好，作风有传承，师傅带我的时候就是这么干的，徒弟也就是这样。风气是上面形成的，听上面的，市委决定的东西工厂党委下来灌；党委决定的东西，中层下来灌。技术可不是，技术有科技创新。行政管理和技术不一样，那不能走样的。

吴冠男 工人和工厂的知识分子、干部之间关系怎样？以前和现在的干部工作有什么不一样的地方？

王汉超 五六十年代那时候的干群关系好，我们吃完晚饭没有在家待着的，都是去走访，去谈心，去交流，那是思想政治工作的好办法。以前群众不怕干部，干部不能随便处分群众。现在管理上都是用钱来解决，违纪就罚钱、扣奖金，用制度上保证的办法，现在工人怕干部把他的饭碗打了。干活儿也都讲价钱，那时候没有讲的。总之，现在钱讲得太多，弱化了这方面的东西。

吴冠男 您在技术干部科工作过，工厂的技术人员管理中哪些地方比较困难？

王汉超 （思考）没有太多困难，那时候的干部，学校来的，都规矩，没有那么调皮捣蛋的，提你没提他，没有找的（向上级反映意见）。

吴冠男 有没有技术水平高，恃才自傲的人？

王汉超 不可能，一起来的，都互相了解，只是在生产过程中用不用的问题，你学得好一点儿，知道得多一点儿，用的时候灵活一点儿，能发现问题，实践中知识发挥得不一样。在铝合金的生产中，有的把毛病找出来了，有的啥也没有，有成绩的当然就提（干部）了。实践出真知，哪个车间出废品了，有的人去了能处理得了，有的就不行。

吴冠男 在企业中，中专生比大学生……

王汉超 提高的多，重用的多，因为他实践中确实发挥得多。

吴冠男 为什么大学本科生不去实践的更多？

王汉超 比如1952年的中专生比1953年的大学生多，当干部的，但是都是从生产实践中磨炼出来的。在企业，这种生产实践的磨炼特别重要，所以在实践中，没有学历也评职称还是比较符合实际情况的，上学时不过是打基础，工作中每个人用的都不一样。

吴冠男 积极的、干得多的往往人缘差，您怎么看这个问题？

王汉超 是，选人往往都是老好人，真正优秀的选不出来，这要从党的事业角度讲，这是误事的。做领导的应当清楚这一点。

吴冠男 计划经济时代，企业没有什么生产自主权，上面要多少，就按照这个排计划。按期按规格，就完成任务了。你们在人大学这个了吗？

王汉超　是啊，就讲的这个。

吴冠男　有没有认为计划经济过于死板，不灵活？

王汉超　那时候没有这个概念，计划就是完成，超计划就受奖励。现在是自己找活儿干，不自己找吃不上饭。

吴冠男　您工作上的信念来自哪儿？

王汉超　共产党教育的。在国统区，受压迫，共产党来了自然相信共产党。我是农村出生的，在瓦房店，复州城南。我们给地主干活儿，小时候的印象很深，纺织厂招工，我姐姐哥哥都去了。

吴冠男　您对日本人有印象吗？

王汉超　日伪时期，走路都不敢来路中间走，比日本人小好几辈。我小学一年级到四年级都是日本学校，家里穷，就一套学生服，补丁擦补丁，学的日语。

吴冠男　那时候有"中国"的概念吗？

王汉超　没有，光复（指抗日战争胜利）后才知道，当时只讲日本的东京、大阪什么的。星期天日本老师叫我帮干活儿。后来到了人大，学俄语，我学得也可以。前年去布市（海兰泡）旅游，还糊里糊涂能说几句。俄语课本的第一课就是（城市）。在 50 年代工厂来了几个苏联专家，我们一起吃饭，我可以直接聊。现在都就饭吃了，哈哈哈哈……

2016 年 9 月 1 日于哈尔滨市平房区

14

吴永江

活到老，学到老

人物介绍

吴永江，1931年生，双城人，锡伯族，北京钢铁学院毕业，原哈尔滨101厂高级工程师。

后来东北民主联军派出驻厂检查员，我就去了太平桥的一个棉服厂。军需部调动的棉桃，让工厂代工生产棉服，通过道外三棵树的火车货运，主要供抗美援朝使用。产量大的时期三班倒，我一直没有休息，经常熬夜加班，收发和现金收付棉服制品。后来我调回了军需部，我认真工作的事迹被记者在《松江日报》刊登出来。

我和老师傅想着用照相机把图纸照下来，我就设计放大机，去202车间加工，安装了，用药水定影、复印。后来说用静电形成字，在上面一撒就可以，用黑粉加热定影，出差去看工作原理，回来我们就琢磨着做出来了。用大照相机照到纸上，粉末一撒就出来了，到了另外一个屋子用灯加热，干了就成了很好的复印机。复印机复印图纸，从各个地方买原材料，用苏联援助的一个巨大的照相机改装。可以说，我们在那个条件下自己做了一台大型的静电复印机，最大型的零号图纸复印机，提高了图纸的复印效率。

所以，做人要善良。踏踏实实钻研技术最好了。

编者絮语

这是对工厂的工艺、管理等细微事件回忆较多的采访人物，从细微中可以窥见工业化的生产与生活图景。

访谈内容

吴冠男 作为中华人民共和国成立前参加工作的老革命、老工业人，请您谈谈您的经历与贡献。

吴永江 我是1931年4月出生在黑龙江双城希勤乡爱社村，从前叫正红旗头屯。我是锡伯族，我的祖辈是辽宁复州城回迁的锡伯人，回迁来的老祖宗叫华莲布，是三品花翎，嘉庆时期是饶州总兵，做过奉天府尹，屯子东北岭还有吴家老祖坟。我小时候家里土地很多，有10垧，草场大概有3垧。我1938年进初小读书，1942年初小毕业，成绩非常好，没有读高小，我辍学回家。1943年家里被伪满警察勒索，罪名是不按时给皇军送粮，赎人以后我父亲一病不起，我奶奶把陪嫁的金首饰拿去典当，准备找郎中治病，又被汉奸抢去了。我父亲第二年去世了。1947年土改，我参加了农会儿童团。1948年，双城城里东北民主联军军需部的一个军需厂——307厂招人，主要为前线做鞋。厂长是抗战时的老团长，我就去那儿当了勤务员。1949年春天，青年团发展我入了团。1949年秋天，我入了党，那时候还保密，年轻同事很多都不敢入。1950年，我转了正，赶上朝鲜战争，哈尔滨军需部被服局（道里十二道街17号）调我来到哈尔滨。我来了以后，科长第一天给我一个任务说，这是11个工厂，你明天去检查定制产品的质量。我正发愁，看见了电话黄页本，我查找到了电话和地址。我在小学时候看见过老师办公室挂的地图，我就看懂了，我就去了工厂检查质量。每一个工厂我都先打电话然后去看，回来和领导汇报，得到领导首肯。后来派出驻厂检查员，我就去了太平桥的一个棉服厂，好像叫东升棉厂。军需部调动的棉桃，让工厂代工生产棉服，通过道外三棵树的火车货运，主要供抗美援朝使用。产量大的时期三班倒，我一直没有休息，经常熬夜加班，收发和现金收付棉服制品。后来我调回了军需部，我认真工作的事迹被记者刊登在了《松江日报》。1952年，经济建设开始，军区后勤部就撤走了，人员疏散，我被分配到了重工业部建筑公司，给东安厂建厂。

吴冠男 就是现在哈南工业城的那个东安厂吧，我知道的黑龙江有两个东安厂，另一个在密山的。

吴永江 对，东安厂是苏联援建的156项工程之一。我们给东安厂建一个厂房，一个子弟学校，一个工人文化宫和37栋工人宿舍楼。我被分到木工大队的党支部，党支部有一个书记，算我两个委员，三张桌子和三张床。11月不能施工，就去冬训，给农村青年训练培养木工和瓦工，为来年工程建设提供技术工人。到年末，上级通知我们要到沈阳去建设，后续工程交给其他公司。1953年3月，我们连人带设备到了沈阳。领导叫程科，山西人，口音很重，我能听懂，我被分到党委组织部，经常给领导当翻译，接电话，管理整理档案等，其他工作我也做得很好。工程有东北工学院和北陵飞机场、铁西的工人宿舍，等等，都是几万人的大工地。这个时期我身边的初中毕业生不少，我一直努力想继续学习，不久领导就送我去了北京的重工业部有色金属工业管理局设计公司。去了之后到了技术科，我看不懂图纸，科长周化男是1938年投奔延安的大学生，他就每天晚上教我学习。有一天，《人民日报》发表了一篇文章，说培养革命知识分子，成立工农速成中学，招生。领导问我去学习有没有困难，我非常高兴，说没有困难，就去清华园报到，经过考试我就被录取了。1954年，我分在了农业机械化学院速成中学，后来归到北京大学速成中学，学校就在北大红楼。我学习很好，毕业以后宣布说，我们是最后一届的速成中学学生。我拿了毕业证回到原单位，设计院的领导说：回来工作容易，你这么好的成绩不上大学可惜了，你去北京钢铁学院继续学习吧。北京钢铁学院是清华大学的冶金系分出来的，1958年9月我到了北京钢铁学院读机械系。我是团支部书记，学习期间我不仅自己学习，还帮助落后的同学。我们同学，湖北黄冈的黄大齐要走了，因为学习成绩差，跟不上班。我说：你去和系主任说，调到我们班，调到我们寝室，我帮助你学习。一年以后，在我的帮助下，他的成绩全部合格，毕业是中上等成绩呢！除了专业学习，假期我就背起书包到首钢、本钢、鞍钢、包钢、黄石大冶钢厂去看，去实习。大学五年，我应该1963年毕业，学校留我在学校帮助工作了一年，1964年我毕业分到了哈尔滨101厂。

吴冠男 这等于您一直是在工业口工作。

吴永江 是啊，我到了101厂，在这里工作了一辈子。刚来先借调到了档案科，管理全厂的图纸，工厂也是苏联援建的，有156项工程的两个项目，图纸很多。设计人员用白纸画出的图纸需要复制几份，就先用硫酸纸描下来，用晒图机复制成蓝图，然后才能施工，描图员不够用，我还肩负着培训制图员的制图课程。我和老师傅想着用照相机把图纸照下来，我就设计放大机，去202车间加工，安装了，用药水定影、复印。后来说用静电形成字，在上面一撒就可以，用黑粉加热定影，出差去看工作原理，回来我们就琢磨着做出来了。用大照相机照到纸上,粉末一撒就出来了,到了另外一个屋子用灯加热,干了就成了很好的复印机。复印机复印图纸,从各个地方买原材料,用苏联援助的一个巨大的照相机改装。可以说,我们在那个条件下自己做了一台大型的静电复印机,最大型的零号图纸复印机,提高了图纸的复印效率。那个年代你也买不到这种设备,也没有钱买,后来改革开放以后才在日本买回静电复印机。放大机的快门是个电动的,我设计了钢铁盘,以免镜头震动。后来不断改进,设计电动粉斗,逐步提高自动化程度。我因为在档案科工作成绩很好,一直都被留在这里工作。

  吴冠男 您的这些技术革新的想法都是如何产生的?

  吴永江 具体的技术改进都是以解决问题为先导的。比如我们上大学在大冶实习的时候有一个先进机器,操纵手必须是中专生以上,上面一个大型铜件,磨损严重,花钱多,而且耽误生产,苏联也没有解决这个问题。我马上形成一个方案,老师说没人敢这么想,我设计出来以后毕业设计就选择了这个改造,学术委员会没有人提出问题。

  吴冠男 后来您离开档案科了吗?

  吴永江 王洪武是工人出身,后来做了领导,过去家里是开机加小工厂的,从小就学钳工,在工厂是革新队课题组组长。干活儿也真是个能手,技术上也行,省里的劳动模范。王洪武暗中观察我,看我还行,就找我去连铸连轧项目。铸铝加热后压延成铝板,是降温后再磨,技术上改进想要铝水直接进碛子,不用再经过加热,通过把碛子里面通冷却水的方法降温,但是碛子很不耐用。我说碛子的材料不适合,冷热交替反差大,经常裂纹,我正在想办法,后来课题因为别的原因停止了,调我去了下乡办公室。当时是一个股,但就一个人,我就不想去,我还是想搞技术,就又去了机修部。组长给我活儿,我的手工不错,上车床没问题的,大学实习期间我就干过,我还能干,技工的活儿我都能干。这个段有三个七级工,技术上很牛,不好管理,就让我去搭(领导)班子。我说我正在搞大直径管材,不想当领导。领导说不行,你是党员,必须担起来。我就领导机修部33个人工作。有一次,有个车床有个闸把不好使,就用一堆废料对付拉着。修的时候,我考虑顶丝的定位点挪个位置,我在理论上明白这个,车工们出问题的时候,我都上手相助,利用理论帮助他们,车工也都服我。有个车工做枪的时候,要连续射击,把步枪改成自动的。有一个零件,他去北安学习,借了图纸,回来就让技术员给画图,就开始做,把45号钢板画好印就上冲床,都裂了。大家看热闹,他也泄了气,我心里知道那是因为这是两道工序,没有淬火的原因。我就叫了个焊工，加热金属，我看颜色基本可以了就上冲床，每一个都成功！还有一个老焊工，我把自己粮食也给了他一些，没有关键的活儿不找他。这样做领导，每种人才各有所用，才能领导好一个集体。我直接主持工作，组织分配工作任务，让工作井井有条，我一个人也能带一个机加段。我在机修部干了三年，没有完不成的任务，主要是用人得当，管人有方。再后来我去了设计室，当室主任，也干了三年。

吴冠男　您和同事之间相处得怎么样？

吴永江　很好，那时候大家都很困难，都互相帮助。工资上，干部多，90多元，岗位工资制，老工程师技术员73元。大学毕业生46、53、64元不等，工人45元左右。老工人的工资八级工相当于干部，七级工80多元，我和四级工差不多。有一次，厂总工程师李满良突然接到通知，去德都县挂职，明天就走，家属也跟着一起走。那个时候就那样，说调走就走，连个准备时间也没有。他说，这咋整，孩子奶粉还没有呢？我中午请了个假，回到家，那时候我家孩子母乳，奶粉证上还有富余，于是去买了一大包子的奶粉，第二天早早带到单位，给李满良。我说不能让孩子挨饿啊！

工作上也都争着做。有一段时间，工厂为了保护图纸，于是就派人轮流值班。有人值班说图纸柜门半夜就自动开门，大家就害怕。我说我去，我把行李扛去，睡在裁图纸的案子上，电话机挪到我跟前，半夜的时候确实咣当当响，我看柜门就是一会儿自己开了，关上以后一会儿就自己开。我一想，一定是共振，我就静静坐那里听，101车间的一个车床一开动，这边的门柜子就自己振开了。

工厂出工去修江堤，我参加劳动，身体锻炼，我把食物多给参加劳动的人。所以，做人要善良。

吴冠男　您后来工作主要从事什么？

吴永江　我后来去了188工程，做信息存储铝片，就类似今天的光盘，存储数据。1973年我妻子调动到工厂，1982年单位分了房子，后来评了高工，1991年我离休。我在工厂工作了一辈子。

吴冠男　感谢您的讲述，也感谢您的贡献！

2017年4月10日于哈尔滨市南岗区

15

吴亚男

忠于时代的奉献

人物介绍

吴亚男，女，1969年生，原哈尔滨101厂工人。

烟厂对烟箔的要求很高，我们当时也算是试生产，各方面的技术水平也不高，废品率一直降不下来，检查员和生产工之间矛盾丛生。我还曾经被人威胁过，虽然第二天那个人跟我道了歉，我还是感觉到这项工作不是我想象的那么好。

虽然一直都是半天工作时间，工作量还是很大的。大车来的原材料，我们自己卸车，从大车上把原材料卸到手推车上，推到库房，码放整齐。每次来料都在十几吨，男同事干这活儿还好些，只是苦了我们女的，也要和他们一样卸车、码垛。卸一次车第二天浑身都疼，胳膊抬不起来，真的不想再去上班了。虽然有时也是满腹牢骚，可是只要到了单位，还是照样完成每天的工作。

夏天气温高，一动就一身汗，冬天零下二三十摄氏度，棉袄都被汗湿透了，下了雪更惨，脚底打滑。有一次我们一位老同志脚底一滑，被车把手打到额头，把我们几个吓坏了，从那以后，我们都非常注意。

那时候也会有不开心的事，有时甚至停工和领导吵，吵完了，事情解决了，还会认真干活儿，不记仇。

编者絮语

新一代普通女工的工作和经历，个人命运和时代紧密相连。

访谈内容

1987年参加完高中毕业考试之后，我也就结束了我的学生时代。在家待了一个多月，开始进入岗前培训，这个岗前培训有两个目的，一个是学习进入工厂之后需要了解的基本知识，另外就是通过培训结业成绩，进行工种的筛选。虽然在学校时学习不怎么样，但这次培训结束我竟然排在所有人员的第七名，安安稳稳地选到了检查员的工作。进入一个新成立的分公司，当时叫铝品公司二厂，开始了我的工人生涯。我们主要是生产香烟盒的内层包装，我们叫烟箔。刚参加工作就是三班倒，白班、四点、零点每周轮换。零点班是最遭罪的，无论冬夏都要半夜三更去上班，还好那时候年轻，一个星期的零点班轮下来并没感觉怎样疲惫。机器一侧有上、下两个辊子，一卷薄薄的白纸和一卷薄薄的铝箔分别挂上，胶盒里倒入乳白胶，开动机器。机器的另一侧有一个纸管，白纸和铝箔经过胶粘后再经过刀切缠到纸管上，直径够大了就可以停下机器，一卷烟箔就完成了。每个烟厂对烟箔的要求很高，我们当时也算是试生产，各方面的技术水平也不高，废品率一直降不下来，检查员和生产工之间矛盾丛生。我还曾经被人威胁过，虽然第二天那个人跟我道了歉，我还是感觉到这项工作不是我想象的那么好。

1990年年末的时候，铝品三厂招人，我和另一位检查员还有几名生产工、包装工申请离开了工作三年的铝品二厂，去了三厂。到了三厂之后我变成了生产工，兼职检查员。在三厂，我们开始研制生产铝合金添加剂，刚开始产量小，有时候也去帮忙轧制铝卷帘。那是卷帘门盛行的年代，偶尔的还要加个班什么的。我主要是做铝合金添加剂，粉尘作业，有毒。

进入三厂不久，因为我们是和科研所一个厂房，就被归到了科研所，被好多人羡慕。父亲当时是科研所的高级工程师，这辈子还有幸跟父亲在一个单位共事几个月，后来父亲就退休了。在科研所的这段时间工资相对高些，也成了很多人眼馋的工作。组里人比较多，工作繁重，所以我们是分成上午和下午两个班的，外人看来好像很轻松的样子，其实，我们工作时真的很累，也很脏，每天下班时不洗澡都没法换衣服。尤其是夏天，出了汗，浑身黏黏的，也就是那时候养成了习惯，一天不洗澡就浑身难受。

后来调整作业区间，我们也被划到了一个单独的厂房，这时候，卷帘生产已经下线，所有人都开始铝合金添加剂的生产工作。人来人往，岁数大的开始办退休了，为了保证生产，从别的单位调来了几个男同事，女同事逐渐减少，最后只剩下我们两个女工了。刚从大厂房出来的时候我们组里还有大概10个人，其实，虽然一直都是半天工作时间，工作量还是很大的。大车来的原材料，我们自己卸车，从大车上把原材料卸到手推车上，推到库房，码放整齐。每次来料都在十几吨，男同事干这活儿还好些，只是苦了我们女的，也要和他们一样卸车、码垛。卸一次车第二天浑身都疼，胳膊抬不起来，真的不想再去上班了。虽然有时也是满腹牢骚，可是只要到了单位，还是照样完成每天的工作。从我们开始做铝合金添加剂就是我们自己用手推车将成品送到熔铸车间，无论冬夏。夏天气温高，一动就一身汗，冬天零下二三十摄氏度，棉袄都被汗湿透了，下了雪更惨，脚底打滑。有一次我们一位老同志脚底一滑，被车把手打到额头，把我们几个吓坏了，从那以后，我们都非常注意。

2008年的时候，工作量减少，每天只有一个半小时的工作时间，到了11月，我们从科研所分出来归到了熔铸分厂。别的变化没有，只是人事关系转到了熔铸分厂，不再归科研所管理。虽然换了新单位，工作还是和以前一样。从科研所分出来的时候，我们是可以选择留在科研所的，有个男同事留下了，我们有六个人去了熔铸分厂。人员少了，工作量却不断增加，每天早上6点多就上班，一直忙到中午12点，一个人一个位置，去卫生间都是跑来跑去的。新主任还是比较体谅我们的辛苦的，有时候会调台叉车来帮我们把成品送到炉前。后来有位男同事学会了开叉车，送成品料的活儿就归他了，这样，我们就多了些精力生产。2013年下半年的时候，我们组里只剩下五个人了，已经无法正常生产，主任会调一些其他组里的男同事来帮忙，可是却感觉不协调，工作起来不顺手。坚持到了2014年的4月，不得已，我们制剂组解散了，铝合金添加剂开始从外地进货。我们两个女的还有一个男同事被分到了小剪刀，这是一个切废料的地方，离开了粉尘作业，这里也有危险，经常会被铝板砸到，手也总是带着小伤口。

到了小剪刀，开始怀念我们五个人在制剂组的时候，那时候也会有不开心的事，有时甚至停工和领导吵，吵完了，事情解决了，还会认真干活儿，不记仇。在小剪刀上班，没有了以前半天班的情况，中午要带饭，吃完饭，天气好就出去溜达溜达，天气不好时每人一个长条凳子，躺着养神，偶尔聊几句，下午再接着干活儿。简单重复的日子过了七个月，到了2014年11月，我们两个女工被内退回家了！当天签完字，工长就订了饭店给我俩送行，应该是叫送行吧？第二天就不用上班了，开始还真的不太适应，后来单位想让我返聘回去接着上班，我推辞了，厌倦了大冬天的顶着星星挤公交车。

▶内退：离岗内部退养，国企改革过程中为减员增效，国家出台政策允许企业职工一定条件的提前离岗退养，足额缴纳社会保险后解除劳动关系。

在家待了三年，今年单位让我们交退休申请了，明年我就正式退休了。

这几年每年都有到了年纪内退回家的，工厂就是这样吧，总要输入新鲜血液的。

2017 年 12 月 26 日于哈尔滨市南岗区

企业介绍

哈尔滨 101 厂：现名为中国铝业集团东北轻合金有限责任公司，是中华人民共和国成立初期陈云同志向党中央撰写报告，由毛泽东、朱德、周恩来、刘少奇亲自阅定、签批筹建的中国第一个铝镁合金加工企业，是国民经济"一五"计划时期苏联援助的重点工程项目。1952 年建厂，1956 年开工生产，主要生产铝、镁及其合金板、带、箔、管、棒、型、线、粉材、锻件等产品，以规格最多、品种全著称。它曾创造了中国铝加工历史上无数个第一，为我国航空航天、国防军工事业的起步与发展做出了重要贡献，被盛誉为"祖国的银色支柱""中国铝镁加工业的摇篮"。今天，企业已成为哈南航空工业基地的重要组成部分。

16

王桂琴

为爱情，为工作，做好自己

人物介绍

王桂琴，女，1940年生，原122厂热能仪表工。

都忘了，我都退休30年了，提前退的，我孩子接了班。我儿子现在也在飞机厂，在成都做某型飞机，刚出差，昨天来电话，我问啥时候回来，他说还没试飞，试完就回来，还得一阵子。实际是给成都的飞机研制做配套。

我这下一代都不要孩子了，说费钱。孩子是挺大负担，我们那时候孩子出生56天就送幼儿园了。那时候要孩子都多，我三个儿子一个姑娘。我这2000来块钱也补助不了孩子。我儿子搞飞机仪表，我孙子考石油大学也学的热工仪表。我们一家三代搞热工仪表。

编者絮语

女工王桂琴，已是满头白发，住在20世纪50年代仿俄式建筑的老旧的工厂职工家属区。本来在城市市区长大，为了爱情留在工厂。一辈子做热工仪表，祖孙三代搞仪表。身体尚好，只是岁数大了，有一点点糊涂。

以下文本根据叙述者语言习惯，简称122厂为哈飞或伟建厂。

访谈内容

吴冠男　您今年多大岁数？

王桂琴　我今年77岁，我家都是搞中医的，我姊妹八个，我妹妹中医学院毕业的。

吴冠男　您当年是怎么来到哈飞的？

王桂琴　1958年，我哥哥说，保密厂

▶ 保密厂："一五"计划时期苏联援建的工厂有很多因与军工有关，最初被称为保密厂。

招工你去不去？我说去吧，正好中学毕业，实际上我妈妈不同意我在这里处理个人问题（搞对象），那时候（兄弟姐妹中）我条件最不好了。

吴冠男　您自己来的？

王桂琴　是的，城市里来的很少，1958年大批是周边农村来的，1962年下放一批，1969年复职一批，但我们是城市来的。

吴冠男　下放是怎么下放？

王桂琴　就是回农村了。

吴冠男　怎么1958年来了1962年又回去了？

王桂琴　啊，是啊，就是解聘了的意思，硬性的，全厂各个车间都有。1958年来了将近3000人，有一部分在这里搞对象了，就留下了。后来发现用不了那么多人，就把其余的下放回了农村，1969年复职就又有回来的。我当时当文书，所以我知道这个。

吴冠男　1958年都是按照正式工招的工人？

王桂琴　是的，1956年从青岛招来一批工，那部分逐步都回去了。1957年是哈航（哈尔滨航校）去辽宁招的那一批，岁数都大，那边那个楼一楼、六楼住的都是那一批的。我说你们咋这么大岁数呢，他们说他们是航校从农村招来的，岁数大。男的来了后户口管理放松了，女方都进第三产业服务公司了。1962年来了一批转业兵，1965年来了一批转业兵。

吴冠男　哈尔滨航校当时算是大专还是中专？

王桂琴　中专，但技术员基本都升高工了，搞行政的基本都按照工程师（中级职称）待遇了。

吴冠男　待遇上有差别？

王桂琴　是的，比如房补80多元，那个60多元，工人更少。

吴冠男　您来的时候哈飞什么样？

王桂琴　一片大树林，没有几个房子，这边也都是后盖的。

吴冠男　您来在什么车间？

王桂琴　我们市里来的这三个没跟着大批进车间，车工铣工等，我们就进机动，就锅炉仪表、温度表，我们是搞热工压力表、氧气表、飞机表。后来我们（建制上）归计量，有仪表、秤等，我回锅炉仪表退的休，孩子接的班，但我们都是搞弱电的。

吴冠男　您没有晋职称？

王桂琴　工人晋不上去的。

吴冠男　后来上学的有晋上去的？

王桂琴 有，像工学院的，晋了工程师（职称）。我儿子1980年当兵的，辽源当兵回来考的水暖，但是考的特色中专，搞飞机仪表的。

吴冠男 您当时来不考试吗？

王桂琴 不考，农村来的，小学都没毕业，考啥？你今年多大？

吴冠男 我41岁。

王桂琴 你才41岁，我孩子都49岁了。这几年工资涨得多，跟我一起的，来了教了三年小学，我小学同学，现在一个月开5000多元。

吴冠男 你们招工来的人里面有去职工医院的吗？

王桂琴 有啊，当时都分配的。

吴冠男 您来的时候大中专生多不多？

王桂琴 不多，不像现在，现在不好进（厂）了。那时候中专都好进。

吴冠男 中专哪里来的多？

王桂琴 哈航的，哈尔滨航校。再就是大学生。

吴冠男 您老伴儿是怎么来的？

王桂琴 他是1954年招工过来的，在齐齐哈尔。他一个哥哥当兵转业，过去这个是保密厂，转业兵很多，那时候进工厂好进。

吴冠男 1958年前后您感觉工作累不累？

王桂琴 不累，比现在轻松，现在啥都核算，成本管理也严格，还刷脸，纪律也严多了。以前干活儿领料随便领，现在成本管控。

吴冠男 原来仪表是单独车间吗？

王桂琴 为全厂服务，但热工仪表是单独的，为动力服务，归计量以后，飞机上的仪表也就在一起了。起落架上都有温度表。

吴冠男 有没有外边买的仪表？靠外部配套？

王桂琴 飞机仪表都是有标准的，不能从外面买的，买的是通用的，我们飞机自己有自己的标准，不能买的。

吴冠男 计量都干什么？

王桂琴 仪表校对、检修、调试、维护啊，等等。

吴冠男 热工仪表是自动化的吗？

王桂琴 没有，1986年我退休，大约是从80年代改成自动报警功能，大规模改造过一次。改造前富拉尔基等等我们都去学习了，上海、大连、天津仪表厂都去学习了，到后来才开始有自动化。

吴冠男 哈飞工厂的规模怎么样？

王桂琴 从小一点点发展，后来变得很大，现在机电、基建、物业、锅炉都分出来了。企业规模又变小了，就是保密机那一套还留着，但也小了。

吴冠男 工厂生产的产品种类多吗？

王桂琴 都是军品，后来才民品。煤气罐也搞过，饭盒、高压锅都搞过，还分给职工，一个职工一个。

吴冠男 那时候哈飞如何归属，上级管理部门和结构是怎样的？

王桂琴 哈飞、西飞、新飞、沈飞。部里的四个厂，航空航天部的。哈飞的汽车现在分出去了。

吴冠男 你们那个时候找对象容易吗？

王桂琴 我找的是和我一个单位的，我家不同意我在这里处对象，但那时候这个工厂挣的钱多。

吴冠男 您要是回去能有这儿挣的多吗？

王桂琴 没有，现在市里的小工厂都黄了。

吴冠男 您年轻有没有机会去三线厂啊？

王桂琴 有啊，贵阳啊，江西啊，我老伴儿去贵阳了。那时候调动频繁，培养一批调一批，贵阳去了老多人了。

吴冠男 当时贵阳条件怎样？

王桂琴 好不好不知道，但是得听令，让你去的话不去不行。评，开大会评，选谁去，我老伴儿选调去了，但是他高原心脏病，后来被送回来了。我没去上。

吴冠男 您家搞医是祖传吗？

王桂琴 不是，都是上学学的。

吴冠男 您来的时候一个月多少钱？

王桂琴 18元。后来一级工35.5元。

吴冠男 几年转正的？

王桂琴 三年。然后10年没涨工资，第11年涨到三级工，49.5元。二级工41.5元。

吴冠男 你们来的时候怎么做饭？

王桂琴 在单位有蒸饭箱子，蒸大苤子（玉米粥）。独身的吃食堂。我进厂学徒工三个月，18个人一个屋子，以后就在209号楼那里住，人少了就5个人。275号楼也住过独身的，4个人一个屋。

吴冠男 您现在这个屋子是什么时候分的？

王桂琴 1971年，我家人口数就够了，调的房子，只是这儿的一个屋那是两家一厨房，就是两室分成两家。这些是按照苏联图纸建的，本来都是俩屋一厨或者仨屋一厨，但是分给两家或者三家使用，合厨。

> ▶ 福利分房：计划经济时代企业按照工龄、年龄、户口、家庭人口等指标分配福利住房。改善住房时将原有分配住房交出，参与再分配，俗称调房子。20世纪50年代住房因采用苏联图纸建设，两室或者三室的房子在后来职工人数增多的时期通常分给两家或者三家使用，通称合厨。

吴冠男　您做文书的时候做什么工作？

王桂琴　秘书工作，去送报纸、文件，做表格，也做文件，工坊的电工值班站各种通讯。我其实是替一个生孩子的干了半年，我不愿意干，我干仪表还有保健（津贴），多好！后来车间分开，锅炉分出氧气站、电工室、卷线等。现在车间都小了，没有以前大了。我都退休30年了，提前退的，我孩子接了班。我儿子现在也在飞机厂，在成都做某型飞机，刚出差，昨天来电话，我问啥时候回来，他说还没试飞，试完就回来，还得一阵子。实际是给成都的飞机研制做配套。

吴冠男　您年轻的时候信仰什么？

王桂琴　我就信共产党，共产党给我开支（发工资），哈哈。

吴冠男　你们那个时代人际关系怎样？

王桂琴　那时候人际关系相对简单。

吴冠男　您身体怎样？

王桂琴　我高血压，有点儿聋。我家遗传高血压，天天吃药，治病治不了命呢，我老伴儿他老妈活到104岁，就在这屋住的，个儿不太高。

吴冠男　您是上学就在市里？

王桂琴　是，当时我哥要了一个老房子，现在都是保护建筑了。我是道外南十六道街长大，道外那个时代小工厂很多，但现在都没有了。

吴冠男　你们那个年代不用管孩子啊，房子啊这些事情，我们这一代负担就重多了，至少精神压力大，精力分散严重。

王桂琴　我这下一代都不要孩子了，说费钱。孩子是挺大负担，我们那时候孩子出生56天就送幼儿园了。那时候要孩子都多，我三个儿子一个姑娘。我这2000来块钱也补助不了孩子。我儿子搞飞机仪表，我孙子考石油大学也学的热工仪表。现在年轻人房子压力大，精神压力也大。

吴冠男　那您属于三代都搞热工了。

王桂琴　是啊，我儿媳妇也是。

吴冠男　你们上班的时候女工多不多？

王桂琴　不多。

吴冠男　计量能多一些吗？

王桂琴　也不多。

吴冠男　锅炉仪表跟着倒班吗？

王桂琴　倒班，小班倒，就是一天三班，八小时一班，那时候没有自动上水，都是人工看着，10吨锅炉。我退休之前改30吨锅炉了。

吴冠男　是要使用锅炉蒸汽吗？

王桂琴　是啊，要气锤啊，车间供暖啊，车间有个小发电啊，都用。

吴冠男　为啥用单独的发电？

王桂琴　并网，能传到大网啊，还省钱。

吴冠男　我写的记录可以留您的真名吗？

王桂琴　无所谓，就是写我真名，谁知道我在哪儿啊，哈哈。

2017年11月2日于哈尔滨市平房区

17

袁邦宪
一个工匠 70 年的职业坚守

人物介绍

袁邦宪，1933 年生，原 122 厂八级生产工。

我听师傅讲过，旧社会时候不行，一到关键时刻，"你去给我倒点儿水去"，倒回来师傅做完了。我那是新社会了，社会主义了，师傅挺愿意教。

废品率不能太高，太高扣工资，重要件出废品要挨处分，老干废活儿，调皮捣蛋肯定要批评，到啥时候都是，都有那样的。

我带了四届徒弟啊，1956 年、1958 年、1966 年、1972 年，四个，我徒弟都退休了，有的都去世了。

编者絮语

20 世纪 30 年代生人，很瘦，沉默寡言的一位老人，在一个车间、一个岗位工作了近 40 年。我想这才是我印象中标准的"工匠"形象。

访谈内容

袁邦宪　我是 1952 年 8 月 25 日来的，刚建厂，原来和 120 厂在一起，1952 年分开的，厂子挨着嘛。我高小毕业，我在双城五家镇十一完小，提前半年毕业了，正赶上招工，就来学徒了。

吴冠男　您家庭条件怎样？

袁邦宪　农村也艰苦。

吴冠男　您是怎么知道这里招工的？

袁邦宪　先来有 20 多人，这儿离我家才 40 里路，招工信息就知道了。1952 年大批招，有些技术工人都从上海铁路、私人工厂招来的。

吴冠男 有没有考试，体检？

袁邦宪 考的。

吴冠男 考的什么内容？

袁邦宪 高小内容，还有县长是谁。直接进厂就认师傅。

吴冠男 给您分到什么岗位？

袁邦宪 工具车间。我们车间有点儿像一个工具厂，一般工具厂他们产品都是通用的，我们是专用的，尺寸形状上的都有区别，车间用的，还有飞机上用的，通用工具外购，外购便宜。我们哈飞自己的工具自己做。

吴冠男 您刚开始工作的时候月工资多少？

袁邦宪 82分，那时候按分，后来变成人民币了。工分是相当于两角钱。共产党的制度，也可能苏联的制度，我不太清楚，不久就改人民币了，82分合16元多。

吴冠男 您学做工具多久出徒？

袁邦宪 缺人，出徒快，三个月。师傅都是上海的，三个月回家探亲，因为咱这条件不好，回去就不回来了。那时候没有宿舍，得去周家（附近乡镇）住民房，去个人家住宿。

吴冠男 那时候不是有256楼，日本楼吗？

袁邦宪 那儿没有宿舍，日本楼我们都住过。没有家属宿舍，我们工人宿舍也就是日本遗留的仓库什么的，1958年以后才大规模盖房子。以前都是修理，是飞机修理厂，后来苏联援助才开始制造飞机。

▶ 日本楼：122厂是在侵华日军731部队旧址附近建设的厂区，厂区附近遗留了日军及家属在第二次世界大战中建设的二层住宅楼，联排，筒形，烧火炕，在当地俗称日本楼或者火炕楼。

吴冠男 您见过苏联专家吗？

袁邦宪 见过，不多，不常来，一个星期来看看，一走一过，有难题来指导。说是专家，其实在苏联也都是工人，苏联的高级工人。

吴冠男 你们厂房在哪个位置？

袁邦宪 我们厂房都是车库，机库，现在都扒（拆）没了，原来这里都是草地，那很艰苦。

吴冠男 你们从双城一起来的有多少人？

袁邦宪 20多人集体来的，都是我们学校的，那天到学校去玩，听说招工，学校集体就给派来了。

吴冠男 要是不来，您能考中学吗？

袁邦宪 考不了,那时候得去双城县上中学,中学少,农村都没有高小,条件也不行。

吴冠男 进厂以后认的师傅好吗?

袁邦宪 行,技术都行。我听师傅讲过,旧社会时候不行,一到关键时刻,"你去给我倒点儿水去",回来人家师傅做完了,就是不想让你看见。我那是新社会了,社会主义了,师傅挺愿意教。

吴冠男 有党组织吗?

袁邦宪 有工会、团组织。

吴冠男 团组织的作用很大吗?

袁邦宪 那会儿人少,后来才一点点扩大的。

吴冠男 从旧社会来的师傅思想转变快吗?

袁邦宪 挺快,新社会是给自己干活儿了,那不一样了,了解太多知识不重要,重要的是学徒。那时候制度挺严,保密挺严,生产啥不让讲,车间不能串岗。后来人多了,保不了密了,飞机天天在头上飞,谁看不见啊?

吴冠男 那时候工作纪律严格吗?

袁邦宪 严格。

吴冠男 您一直在工具车间?

袁邦宪 我没调动过。

吴冠男 工人怎么晋升?

袁邦宪 升级,都考试,三级、四级不好升,那阵工长说了算。1956年工资改革我四级,先考本级理论,操作,然后考五级,1956年我升到五级工。

吴冠男 您退休前几级工啊?

袁邦宪 (停顿)111元,应该是八级,我病退,按照75%开支(工资)。我52岁退休了,提前8年,孩子接了班。

吴冠男 您带徒弟吗?

袁邦宪 带了四届徒弟啊,1956年、1958年、1966年、1972年,四个,我徒弟都退休了,有的都去世了。

吴冠男 1956年招工很多?

袁邦宪 1956年一大批,青岛的,不少后来去三线厂的。

吴冠男 咱们工厂的三线厂在哪里?

袁邦宪 贵州贵阳,江西景德镇。调了不少人过去。

吴冠男 您后来有学习机会吗?

袁邦宪 理论培训，工学院都去过。教育委员，是工艺员兼任，脱产去 20 天，充实一下子。我文化程度低，学也学不清楚，讲制图、三角、几何，我才六年级，还提前半学期，能有多少基础？

吴冠男 为什么提前半年？

袁邦宪 缺人啊！

吴冠男 您是属于什么工种？

袁邦宪 磨工，车、铣、磨、刨四个工种中的磨。

吴冠男 您工作的难度在哪儿？

袁邦宪 精密，形状复杂，样本刀具，成型刀具，我们叫成型刀具，我们还好一些，120 厂的刀具更复杂一些。

吴冠男 必须得会看图纸吧？

袁邦宪 必须，要不你没法干活儿，那都计件的，看的都是蓝图。

吴冠男 您怎么学习的看图？

袁邦宪 有工艺员、技术员下流程。工艺员都是中专生，大专都去设计了。航校的、技校的、学习比较好的，可以抽上去，那时候缺人。

吴冠男 技术员一般什么专业？

袁邦宪 机加（机械加工）专业，眼睛（视力）要好。

吴冠男 公差一般多大？

袁邦宪 几道（1 毫米 =100 道），要求不一样，各有各的公差要求。边干边学，慢慢积累。

吴冠男 1956 年那一批进厂来的都是从哪儿来的？

袁邦宪 1956 年之前都是技校的，对口的。1956 年来的西安、南昌的多，陆续不少回南方的，在这里不习惯，剩下的都是没有门路的。呵呵，走的挺多，铁路的也有。那阵没啥要求，说走就走，管得松，都不迁户口，到哪里一登记就业就行，后来就难了，后来户口挂着粮食关系，不好走了。我那时候在四方楼（地名），前后都是外来工人，派出所到那里一登记，就算落了，都是集体户口。

吴冠男 日本遗留的飞机修理厂，库房是什么样的？

袁邦宪 砖的，棚盖子都是瓦的。

吴冠男 职工去周家怎么通勤呢？

▶ 蓝图：在没有计算机、复印机的年代里，工程上使用蓝图，工程技术人员先画原图，然后用透明纸蒙在原图上描绘，叫做描图，经过感光材料感光叫做晒蓝图，蓝图类似照相的底片，可以重复印制，而且易于保存、不易模糊，一般呈现蓝底白字或者白底蓝字。

袁邦宪 周家来回坐火车，这边没有宿舍，日本楼都炸的不行了，都得现修，没有修出那么多。原来都破破烂烂的。

吴冠男 原来有没有鼠疫？

袁邦宪 我们防鼠疫，发白袜子，去打鼠、灭鼠，抽人去草甸子打老鼠，这儿都是草地。红楼是1953年建的，到1956年才给。路都是炉灰渣子路铺的。楼梯在外边的都是日本楼，我也住过，后来也分给家属了。

吴冠男 原来的飞机修理厂是什么飞机？

袁邦宪 螺旋桨的，中二，我们工具也是修理那个。

吴冠男 工厂建设的初期，机床是谁给的呢？

袁邦宪 那时候有三机部了，三机部定的，苏联的、匈牙利的、捷克的，还有中国香港的。那香港都是搞贸易，从那里买来的，规格标准不统一。到各个分厂调配，根据需要调配。

吴冠男 1972年进厂的工人都是哪里来的？

袁邦宪 道里区、道外区，1958年都是呼兰的外县的，1966年是城市的。

吴冠男 那就是说1972年扩大生产了？

袁邦宪 对，那阵走向正轨了。

吴冠男 你们的产品自动化程度高吗？

袁邦宪 不高，没有自动的，全靠手工。

吴冠男 那后来有技术革新吗？

袁邦宪 我们很少，我们的设备也都是土的，自己搞的，小的，革新，没坚持多久，不像国家投资成套的设备。我们还是主要靠手工技能。

吴冠男 你们车间有多少技术员？

袁邦宪 也就10个人，编程的，编工艺的（编制操作规程和工艺规程）。

吴冠男 车间一共有多少人？

袁邦宪 200多人。

吴冠男 我们同学也有制作飞机壳的。主要是铣工。

袁邦宪 那是铆接，铆接车间，也有零件，也不是一下成型的，也需要我们做的东西，还有配套厂，挺复杂。国外也是，这家干点儿，那家干点儿，到最后组装。我们也给美国做过配件。

吴冠男 你们制作的工具都有什么？

袁邦宪 就是量具、刀具、随机工具，还有专用的扳手啥的。

吴冠男　还有什么是用新风厂的锻件?

袁邦宪　大锻件,起落架等大锻件。

吴冠男　职工需要的日常生活用品啊要去哪儿买?

袁邦宪　就是个小卖部,贸易(当地人管当地一个商委的百货商店叫做贸易)就是个小房子,很小,就是小卖部。学校也很少,很简陋。

吴冠男　主粮主食怎么买?

袁邦宪　独身就吃食堂,定量以后就拿粮票换饭票。

吴冠男　粮食什么时候开始定量的?

袁邦宪　60年代困难时期开始的。

吴冠男　车间里你听谁安排啊?

袁邦宪　听班长的,班长安排活儿。

吴冠男　车间支部书记和你们工人之间接触得多吗?

袁邦宪　书记管党员。那时候工人生活困难,党组织都关心。

吴冠男　您的领导和同事关系怎么样?

袁邦宪　都行,过年过节都走访,看望。平时也关心。

吴冠男　从学徒到八级工,哪段最困难?

袁邦宪　中间有十好几年吧没涨工资。整个国家都不涨,可能没钱了吧?学校(恢复)招生是哪一年?

吴冠男　1978年。

袁邦宪　从那以后,开始涨工资,也是评。工人其实只管干活儿。

吴冠男　领导批评工人吗?

袁邦宪　肯定要批评啊,老干废品,调皮捣蛋肯定要批评,到啥时候都是,都有那样的。

吴冠男　哈飞和东安厂一直是一起的吗?

袁邦宪　开始都是飞机修理的,后来分出来。再后来合过,又分出来。

吴冠男　您学徒的时候总回家吗?

袁邦宪　一个月一次吧,从王岗坐车到五家。12里地,那时候没有车啊,都是走着去,从头屯、二屯到王岗,也不近。那时候只有嘎斯车,那车是大锛儿头。你见过没?那时候职工上下班都厂子接。

吴冠男　你们倒班吗?

袁邦宪　倒班,下班走着走。从四方楼一直走到南厂,早上晚上。我1960年才结婚,之前都住独身宿舍。

吴冠男　您结婚以后分了房子吗?

袁邦宪 结婚一年以后在母子宿舍还住过一年。老自建（地名）那边，10平方米的新自建平房，现在都扒（拆）了盖楼了。

吴冠男 1966年之前您是几级工？

袁邦宪 五级，1956—1966年我都是五级。后来的级别是八几年评的。

吴冠男 您年轻的时候职工好找对象吗？

袁邦宪 1956年以前女的少，1958年以后来女工来的多了。我们和亚麻厂搞联欢，就是为了搞对象。亚麻厂用车接来的，女的多，但都是知识分子，她们会跳舞，哈哈哈。

吴冠男 生活最艰苦的时候如何坚持下来的？

袁邦宪 一个月给我33斤粮。都是粗粮，再困难就往家跑。家里种地，还行。

吴冠男 咱双城粮食产量还行。您哪段时间工作比较出成绩？

袁邦宪 1956年以后，很多活儿就会干了。

吴冠男 有没有任务要求高，工作很吃力的阶段？

袁邦宪 轰炸机时期，技术要求高，飞机产品不断升级，没有啥技术能力了。

吴冠男 有没有窝工的时候？

袁邦宪 试造，人不多（不窝工）。之前都是修理，苏联援建时候才开始制造。

吴冠男 废品率有多高？

袁邦宪 废品率不能太高，太高扣工资，重要零件出废品要挨处分。

吴冠男 可是工业生产总是有废品啊？

袁邦宪 是的，一般件废就算了，关键零部件绝对不能废。

2017年11月2日于哈尔滨市平房区

18

戴景致

一代航空人，奋斗路上不停歇

人物介绍

戴景致，1942年生，原122厂工人，后调入东光机械厂。

到五年级以后学诗词，那时候是唱诗，就把古诗唱出来，学起来印象深刻。有个老先生是以前教私塾的，从来不下课，中间不休息，教日常的用字，记账什么的都能够用上的字。一年级就学了很多不好写的汉字，主要就是为了实用，毕业了就能出去工作，做个小买卖啥的，所以都是常用字。

直5飞机，我们一年产30来架，供给阿尔巴尼亚、越南。但是金属旋翼的没有木制旋翼的结实，金属的才飞200小时就要返厂，200小时都不一定能保证。

1994年，那时候来的一个厂长，说争取咱们厂归哈尔滨第一机器制造厂，后来事实证明他做到了。

人生就是这样，人生要勤奋，但不要期望过高。

编者絮语

走进这间屋子，仿佛穿梭回了20世纪，墙上的老式相框，堆满了书的黑漆的四脚书柜，白瓷老式带盖茶杯，让人恍惚觉得时间在这里凝固了。谈话间，我望着他，眼前依稀浮现出当年父亲的样子。

访谈内容

戴景致 我老伴儿去世以后，我的情绪不那么好了，但一切都是从前的样子，喝茶。我们聊一聊。

吴冠男 您当过兵，是退伍军人？

戴景致 是的。我家是山东的，小学时在山东，我记忆力还好，能记住不少，老了以后奇怪，越是从前的事情记得越清楚，最近的事情反倒容易忘。

吴冠男　您是哪年上的小学？

戴景致　1947年国民党败退，我小弟弟还没有满月，国民党兵进我家屋就翻东西。后来进来一个穿毛呢子大衣的，很显然是军官，我大爷就给烟，给点洋火，那时候洋火是毛玻璃擦的。军官一般都有点儿文化，还行，不让当兵的太过分。战争期间，我们是在国共拉锯区的边上，我们还好，我们关里的家。八路军来了以后，正间住了七八个八路军的伤病员。新四军从南方来，说话带口音，叫同志。大人跟我们孩子说，可别叫老总啊。我家旁边有公路，我们穷人家小孩都没有知识。1950年，我上学，当时上学不要钱，共产党的学校。我7岁，一个班还有15岁的同学，二年级还有已经结了婚的。当时我们学校因为带着高小、中学，是附近一带比较好的，但是条件艰苦，房子是没收地主的，没有桌椅就是孩子们从自己家里带，甚至还有没桌子的。学生用毛笔、石笔，自己带石板。老师参差不齐，有教过私塾的，还有刚从五年级毕业的，刚毕业就给一年级的代课。学习的内容有国语、算术、常识，什么"生水喝了要生病，不要蒙头睡大觉"。到五年级以后学诗词，那时候是唱诗，就把古诗唱出来，学起来印象深刻。有个老先生是以前教私塾的，从来不下课，中间不休息，教日常的用字，记账什么的都能够用上的字。一年级就学了很多不好写的汉字，主要就是为了实用，毕业了就能出去工作或者做个小买卖经常能用到的字。我记得语文第一课，"羊，大羊小羊山上跑"；二年级开始，"小清河长又长，山东是个好地方"。关里的教育，不统一，1953年以后才用的全国统一教材。考中学没有考好，那时候升学率也低，一个学校三个班才有两个人考去了平度一中。我父亲在哈尔滨做生意，我地理学得好，因为我关注这些。1956年以后才有拼音，我们学语文都是用字来拼字。1958年，我吃不饱饭，吃灰菜。我吃灰菜过敏，脸浮肿，把自己种的一点儿水萝卜带到大路边卖了，攒了20多元钱路费，我只身来哈尔滨，潍坊到哈尔滨火车票不到18元钱，带了我母亲做的一点儿巧饼车上吃。我父亲在这里给人家当掌柜，1953年以后小买卖不好做了，父亲就来到东北。当时东北有鞍山，有小丰满，工业比较发达。我在哈尔滨顾乡小站下的车，坐5路，到十二道街，开始在哈尔滨道里雕刻仪器厂刻字社学徒，学徒都是从干杂活儿开始。我想学刻字，但是人家不让接触工艺，眼见学徒这么慢，转年部队招兵，我就报名去了。那年只招城市兵，因为城市人口膨胀，我去了大连甘井子402团，靠近普兰店。我学发电报，后来去指挥连侦察排，拿一比两万五的军用地图训练，算弹道。我感兴趣，学得快。我当了五年兵，1960年转业去了哈飞，在生产直升机的旋翼车间，生产直升机直5和轰炸机轰5，就是苏联伊尔28轰炸机的仿造改进版。但是当时质量不好，开始直5旋翼都是木头的，这种木头只有四川有。后来试制了金属的，我们车间加工这些，用10米的铣床，但旋翼有的地方硬，有的地方软，不行，经不过60万次质量检验。飞机的机身、锻件都是自己做的，101厂提供，但是金属旋翼的技术还是不行。

吴冠男　您能看懂俄文吗？

戴景致　简单的能看懂。

吴冠男　您转业回来开始在什么岗位？

戴景致　钳工岗位，加工旋翼从根部到梢头逐步改进厚度，然后增加光洁度，再经过喷砂、氧化等一系列过程，铝制的当时不氧化很容易腐蚀。我去以后工厂就能生产出来成品了。

吴冠男　直5一年产量能有多少？

戴景致　直5飞机，我们一年产30来架，供给阿尔巴尼亚，越南。但是金属旋翼的没有木制旋翼的结实，金属的才飞200小时就要返厂，200小时都不一定能保证。

吴冠男　伟建厂当时有什么产品？

戴景致　主要是这两个型号的飞机。1957年左右就能生产松花江牌大汽车。大客车还供给过印度。

吴冠男　后来您离开了伟建厂？

戴景致　是的，我去了东光机械厂。

吴冠男　东光机械厂当时生产什么？

戴景致　原来是五机部的一个安装公司。现在的教育学院原来就是它办公的地方。

吴冠男　您当时上班怎么走？

戴景致　坐火车，闷罐车，从哈站到平房通勤。

吴冠男　您在东光机械厂一直到退休？

戴景致　是的，在东光机械厂机械加工，维修，液压和电器也都接触了，挺好。

吴冠男　伟建厂和东光机械厂相比哪个好些？

戴景致　伟建厂比较好，大企业，正规。

吴冠男　您在伟建厂和东光机械厂哪里看书时间多？

戴景致　伟建厂，在图书馆，这边（东光机械厂）没有图书馆。

吴冠男　作为工人，您觉得您重视知识吗？

戴景致　知识很重要，无知、没有常识对很多事情没法判断，就可能要迷信或者相信道听途说的东西，把自己吓得够呛。

吴冠男　您觉得重视知识爱读书这种品质是和教育的什么方面有关？

戴景致　个人素质，家庭环境。过去家里孩子多，因为出生56天就进了幼儿园，也不管，现在就重视很多。

吴冠男　你们开始来平房的时候住在宿舍吗？

戴景致　是的，我们就住在日军731细菌部队的焚尸炉旁边，那时候我们也不知道，后来才知道是731。四方楼当时就是伟建厂的技校。

吴冠男　开始的时候防疫，没有告诉您吗？

戴景致　我是1960年来的，可能来得比较晚，没人和我说。

吴冠男　伟建厂和安装公司区别大吗？

戴景致　区别大，伟建厂严格，有军代表，军品军代表要签字，工人素质也高。

吴冠男　调到东光机械厂以后您待遇怎样？

戴景致　这边在副产品方面好一些，伟建厂干部正规，有板有眼，1.4万人大厂，分白菜每人才20斤，这边（东光机械厂）灵活一些，待遇品也多一些。大厂都正规，没有那么灵活，比如新风厂，一直是铝行业的排头兵，什么事情都要做得有样。

吴冠男　哈飞有没有大三线？

戴景致　有，在贵阳，1970年迁了一批，到贵阳直升机厂。

吴冠男　东光机械厂后来一直生产吗？

戴景致　1994年，我们厂长很有眼光，懂得看大趋势，但是90年代是很多企业都转型，就归了哈尔滨第一机器制造厂，后来事实证明改革的方向是对的。

吴冠男　那您赶上改制退休，待遇一般吧？

戴景致　人生就是这样，人生要勤奋，但不要期望过高。

2017年5月26日于哈尔滨市道里区

企业介绍

122厂：现名中航工业哈尔滨飞机工业集团有限责任公司。1952年4月1日，原重工业部航空工业管理局将哈尔滨飞机发动机综合修理厂（121厂）的飞机与发动机修理分立，成立以飞机修理为主的122厂（发动机改为120厂）。公司位于哈尔滨市平房区，是中国航空工业最早的六大主机厂之一，是国民经济"一五"计划时期苏联援助的重点工程项目，是中国直升机、先进复合材料构件研发制造基地，历史上成功研制生产了我国第一架直升机直5、第一架轻型喷气轰炸机轰5、第一代大型水上反潜轰炸机水轰5等机型，为我国航空工业和国防建设做出了重要贡献。

19

李长海

大时代工人的素质在工业化组织和
教育中养成

人物介绍

李长海，1954年生，原120厂铸造工。

我说我膀大腰圆的，盆盆罐罐的我再弄打了。我就去找领导想去荧光班组，工厂当时正组织"大干"，就是大生产活动，我说去下车间。我体格这么好，啥都能干，我就去了大工班组，在真空罐里熔铸镍质合金片。我干了一段这个，这个是国产设备，设备很大，能站五六个人那么大。

我是在工厂参加了摔跤队的，我练体育，学武术，我去文化宫看门，晚上和周末去，一场给几元钱。那儿调皮的人也有，喝酒去闹事的也有，啥人都有。我们管理纪律严格，人家找我们就是要管嘛。

我要是好好念书，现在也能更好一些，念书的还是挣的多。我回想一下我年轻时候不喜欢学习，隔三岔五就逃学，那个时代肯干就行，认几个字就行了。我身体好，能干，能吃苦，不像现在，不念书不行了。

编者絮语

这里曾是荒原、禁区，是侵华日伪8732部队驻地，日军遗留飞机修理厂，紧邻日本侵华731部队旧址。前身为东北军区军工部直属三厂，主要制造炮弹，后改为21厂。1951年5月1日，21厂划归航空工业管理局，更名为121厂。由常规兵器生产转为飞机和航空发动机修理。1952年4月1日，飞机与发动机修理分立。从1953年起，120厂作为中国首批六大航空企业被列入国民经济"一五"计划时期苏联援助的重点工程项目。其进一步完成飞机修理任务，并逐步过渡到形成制造能力。120厂同分立出来的122厂、中国最大的有色金属制造企业101厂共同构成哈尔滨航空工业基地。在平房区，除了日军731部队为人所知之外，数万职工与家属构成的工业社区，也曾经是这里产业建设和人口构成的主体。

以下文本根据叙述者语言习惯，将120厂简称为东安厂。

访谈内容

吴冠男 李哥，您好，您是哪年来到东安厂的？

李长海 1970年我接班进的厂，我父亲去世我接他班。

吴冠男 那您父亲就是最早的东安厂职工了？

李长海 是，我父亲是给军代表上灶的（做饭的炊事员）。

吴冠男 您是初中毕业了吗？

李长海 没有，差两年，我1969年退学在家等接班，在家待一年，有时候也去学校听课，正经是1971届的。

吴冠男 您进厂在什么岗位？

李长海 我在一车间，精密铸造，大中通，炼镍质合金。我下料，给浇铸飞机发动机叶片，给下一道工序加钼，蜡模以后成型，粘到蜡柱上，涂料，再融化蜡，属于飞机发动机核心部分了。发动机必须耐热，高温下不变形，原先用进口镍，原来没有国产，全进口。镍板，裁完下料，我们国家用对虾换的这个重金属，自己那时候生产不出来。

吴冠男 跟您一起进厂的有多少人？

李长海 像我一样接班的有5个。

吴冠男 1970年的时候有毕业生吗？

李长海 有，毕业分到大庆不去的，1968年、1969年毕业的，他们比我晚半年进厂，都是进厂直接学徒。冷加工的一年学徒，工资18元钱，镍片（工种）是三年学徒。

吴冠男 您刚进厂的时候任务重吗？

李长海 活儿挺多，但是没有现在多，一天一宿一换。俩人一班，两小时一炉，下一班再一炉，一点儿一点儿往后赶。晚上单位供饭，单位给送饭。

吴冠男 您的车间多少人？

李长海 300~400人。1970年没有招工的，之后就只有大学生了。我一个哥儿们，去大庆了后来又对换回来的，因为限制人口流动，但是可以城市之间对换。大庆应该是70年代油田会战。

吴冠男 您上班的时候生产什么飞机？质量怎样？

李长海 直升机，轰5，但是返修率大。每年生产50架，返修都20多架。返厂拆开之后零部件该换的重新换，也有出口的返修的，但国内的多。我们也就是直8、直9，跟沈阳比不了，规模也没那么大，有的整不了还得送沈阳。

吴冠男　70年代你们车间有多少技术员？

李长海　5个、6个的。沈航的，哪儿都有，后来的大学生来了也有走的，技术有一手的（技术水平高的），也有走的，陆陆续续到90年代6个、7个的也有了。

吴冠男　您在车间都干过什么岗位？

李长海　我开始分配到化验室，我不干。

吴冠男　车间的化验室吗？

李长海　是的，我说我膀大腰圆的，盆盆罐罐的我再弄打了。我说我干不了，就去找领导想去荧光班组，工厂当时正组织"大干"，就是大生产活动，我说去下车间。我体格这么好，啥都能干，我就去了大工班组，在真空罐里熔铸镍质合金片。我干了一段这个，这个是国产设备，设备很大，能站五六个人那么大。后一道工序小的精密铸造叶片是一勺一个，我大炉子干一炉的时间，它小炉子得干30多炉，我加材质，它不用加材质了。现在都是半成品料了，直接买回来小真空（熔铸炉）就用了（不用再加合金，已经给加好了）。

吴冠男　您上班期间产量一直很稳定吗？

李长海　一直很稳定。

吴冠男　上班的时候车间有多少人？

李长海　那时候没有这么多人，现在七八百人，那时候没有那么多工坊。我退休的时候还是那个规模呢，我退休10年了，现在这10年扩规模扩得大了。

吴冠男　东安厂效益一直挺好？

李长海　东安厂和伟建厂之间，分立后有个墙。后来伟建厂效益不好，三机部说合并，就拆了墙，各个机器都归口，来回运输，我那时候开翻斗车，拉不少货物。半年以后，分家了，伟建厂的外债东安厂都给还了。东安厂最早也是保密厂，里面也有二道岗。

吴冠男　企业都承担国家的生产任务。

李长海　有一段微发（微型汽车发动机）胜过航发（航空发动机），加一天班50元，但航发稳定，现在分开了。民品多年也不改型改进，现在不太好了。微型发动机生产线是民用产品，航空发动机生产线是国家订货，微型发动机主要是用在汽车上。

吴冠男　您觉得工厂技术革新情况怎样？

李长海　现在科学技术发展，技术大发展，我们那时候靠认干，比如浇发动机机体，一周两个，都干着火了。后来改进了，考虑是地坑潮啊，等等，再加工艺，木炭燎干，等等，现在几乎不着火了，现在一周三四个。有一段时间我负责在不同工艺之间来回运输，开始都很重，用笨方法干。现在技术改进越来越多。

  吴冠男 订货的时候，规格工艺都是不同的？

  李长海 有，规格不同，可能是别的飞机上的，我们也做过试点，再装车送到沈阳，等等。就是给别的地方代加工，总之是生产任务。

  吴冠男 有些产品我们做不了是什么原因？

  李长海 技术、温度等总体可能都不行，再说我们是以直升机为主体的。

  吴冠男 大学毕业生都是从哪里来的？

  李长海 哪里都有，沈航的大学生多。

  吴冠男 您干活儿是按照什么图纸？

  李长海 我们精密铸造没有太多图纸，是已经按照图纸编制好的工艺手册，按照工艺，领工艺手册，模具都是提供的，错不了。

  吴冠男 你们师傅都是干过很多年的？

  李长海 他们比我大10多岁，没有年轻人。我们学徒都相当尊重师傅了。

  吴冠男 那时候业余时间有什么娱乐活动啊？

  李长海 就是唠嗑，喝酒，打扑克。我是工厂摔跤队的，我练体育，学武术，我去文化宫看门，晚上和周末，一场给几元钱。那儿调皮的人也有，喝酒去闹事的也有，啥人都有。我们管理纪律严格，人家找我们就是要管嘛。

  吴冠男 东安厂规模大的时候也有上万人了吧？那时候厂里条件怎样？我听说你开过大车，一定知道厂区的状态。

  李长海 万人大厂，那时候厂里路很差，没有绿化，后来才开始好。等到我退休之前就建设得挺好的。我退休之前也有按指纹（签到）了。以前都是工长开班前会，交接班用交接班记录。现在挺严，挺好。

  吴冠男 您感觉您哪段工作最累？

  李长海 我进厂是1975年左右，经常大干多少天，大干多少天的，那很累。后来我去别的车间背小包钢水，铸缸套，每天如果10炉的工作量，不管几点必须干完。

  吴冠男 您上班的70年代领导和员工之间关系怎样？

  李长海 好，非常好，很多是工人升上来的领导，不是大学生，能理解工人的心情，都是一起干起来的，都说出了门别管他叫领导。单位是领导，都是同志，没有架子。

吴冠男　工人有没有去参加继续培训的？

李长海　上夜校，有机会，报名去就行。我就是不爱学习，我还摔跤训练。有通过学习上去的，工人觉得你行，就投你一票。那个时代有互助，现在一个萝卜一个坑，没听说互助了。以前的人认干，八级工比我们挣的多，上百了，但人很少，三级、四级工多，（月工资）49 块 5 毛的多，就算几乎到头了。待遇还有鸡蛋票、肉票，热片（热加工）岗位有的待遇。

吴冠男　你们的岗位有职业病吗？

李长海　有，我们就有些辐射，分工种的，有的戴口罩也没用，比我小的一个人，我亲眼看见的，口罩也不戴，他说无所谓。因为沙子太小你看不见，非常小，进了肺里出不来。干活儿太热，也戴不了面具，但那个岗位挣的多。有些岗位的铣切，旮旯胡同的地方没法机械化，就是手工，难免有影响。有害工种岗位也是两年一轮换。

吴冠男　那个时代就那样。

李长海　我要是好好念书，现在也能更好一些，念书的还是挣的多。我回想一下我年轻时候不喜欢学习，隔三岔五就逃学，那个时代肯干就行，认几个字就行了。我身体好，能干，能吃苦，不像现在，不念书不行了，我女儿现在上大学了，我还要去她学校看看。

吴冠男　现在这个时代精神压力大了？

李长海　我们那个时代没有那么大精神压力，上班干活儿，现在你不是大学生都整不上去。我去给一个朋友搬家，刚来的毕业生，刚来时候啥也没有，过几年我又给他搬家，一看啥都有了。现在反正你什么都得整，竞争压力就大些。你们知识分子都有文化，会说话。

2017 年 10 月 30 日于哈尔滨市平房区

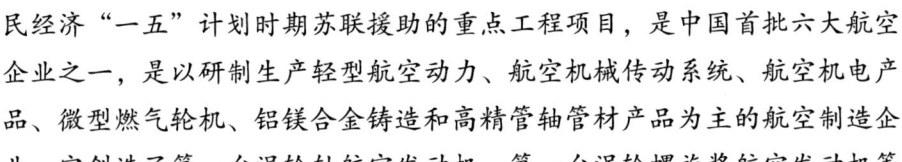

企业介绍

　　120 厂：中国航发哈尔滨东安发动机有限公司，始建于1948年，是国民经济"一五"计划时期苏联援助的重点工程项目，是中国首批六大航空企业之一，是以研制生产轻型航空动力、航空机械传动系统、航空机电产品、微型燃气轮机、铝镁合金铸造和高精管轴管材产品为主的航空制造企业。它创造了第一台涡轮轴航空发动机、第一台涡轮螺旋桨航空发动机等八个"新中国第一"的产品，累计修理、生产、研制了数十个机种航空动力和航空机械传动系统，是中国航空工业骨干企业之一。

20

况作田

致力于技术变革的职业人生

人物介绍

况作田，1945年生，原哈尔滨轴承厂滚珠车间主任、高级工程师。

企业需要发展。技术、质量都提高，提高就有市场，技术还能降低成本。形成良性循环，企业就能够发展。长期处于一个水平，就要淘汰。比如我们搞滚珠轴承的，我们开始抛光球，后来技术改进搞研磨球。80年代中期我们哈尔滨轴承厂排行业第一，供不应求。我们把技术向外扩张，不能仅仅给自己配套，毛利到30%，技术就能促进转化，创造效益。你看仅仅一个车间的技术改进就可以使大家都获益。

我的证书老多了，还给奖金。钱倒是不多，千八百元，参加人分一分，30、50元的。当时看重的还是精神奖励。

我真正说，我的技术在退休前没有施展出来，我的技术在退休以后才真正展示出来。举个例子，当时发展新技术，各个小厂投资百八十万元，但是没有人，不能干。我们分厂打报告给领导，但是厂里不想投资，江苏特钢就找我去了，年产值六七百亿元，也想干。轧球都是我给整的，现在市场不是最大，但是企业发展非常好，成为贡献最大的部分。

总的来说，企业发展要好，一定要有好的领导。第二，技术进步，技术决定了质量和成本。第三，重视人才，留住人。没有留住人才的环境，不交人心，氛围人际关系不好，不行。关键技术不能塌腰。这几条决定了企业的发展。

编者絮语

轴承属于精密设备，而且是军工保密产品。在日伪时期，轴承用滚珠也是从日本进口，1949年以前，中国没有轴承生产能力，产品全部依赖进口，哈尔滨轴承厂属于创造从无到有的中国东北制造工业基础之一。这样的企业，不但承担了生产工业产品的任务，而且是全国技术骨干的免费培训学院，还承担了企业管理社会、管理地方事务的各项责任。人民公社时期，以哈轴为核心的香坊公社，企社合一，为承担当地居民福利、教育医疗、地方基础设施建设等做了大量投入。

同样是上一代大学生，同样技术过硬、善于学习、贡献突出，同样是在国企奉献了一辈子，他在退休以后，找到了施展自己技术的空间和平台，并一直继续学习、科研、跑生产一线，在民营企业做贡献。

在工厂中，既懂装备又懂工艺往往比只懂其一能够得到更持续的发展前景和更大的个人进步。

以下文本根据叙述者语言习惯，将哈尔滨轴承厂简称为哈轴。

访谈内容

吴冠男　您是哪一年来轴承厂的？

况作田　1968年分配来的。

吴冠男　您是哪里毕业的？

况作田　以前叫沈阳机电学院。

吴冠男　您老家是哪里的？

况作田　青岛的。我三哥是军队干部转业去的三门峡工程局，我家里全去了，我中学在三门峡上的，我就是从三门峡考的。我们学校是一机部的学校，一般都是分配到一机部的企业去。学生也是一颗红心两手准备。

吴冠男　你们一起来多少学生？

况作田　我们班应该是7个。我是学工艺和设备的。

吴冠男　您来的时候轴承厂什么状况？

况作田　工厂生产很兴隆，哈、瓦、洛（哈尔滨轴承厂、瓦房店轴承厂、洛阳轴承厂），是三大轴承厂。但是瓦房店是原来日本人的一个工厂，滚轴从日本运，"二战"期间轴承是保密的技术，天上飞的、地上跑的都用，哈轴是瓦房店迁来的一部分。

吴冠男　1968年来的毕业生有多少？

况作田　60多个。

吴冠男　专业呢？大体都是什么专业？

况作田　不集中，北大数学系，清华学导弹的，中科大物理的都有，北京师范大学数学的，等等。

吴冠男　工科怎么要这么多学数学的？

况作田　组织分配啊，来这儿也是严格挑选的，那时候讲究出身和成分，讲究过往的经历，素质不过硬的不要。这都是精心挑选的。

吴冠男　什么专业来这里是最对口专业？

况作田　机械专业。

吴冠男　您是专业对口来的？

况作田　我是对口，我一机部的嘛，我们多数去沈阳机床一、二、三厂，来哈尔滨的同学就是到哈尔滨量具刃具厂、哈尔滨第一工具厂、三大动力、阿城仪表厂、哈尔滨轴承厂等。

吴冠男　您刚来哈轴的时候是在什么岗位？

况作田　我是十车间，轴承钢球的，当时在黑龙江省医院对面。我们刚开始来的时候去科室很少，都去车间，见习技术员必须下车间干活儿，但一般分到哪个车间就在哪儿当技术员。我们当时技术最高就是工程师，没有高工，当时工程师好像全厂才6个。

吴冠男　他们是什么情况？

况作田　他们是瓦房店的老技术员。

吴冠男　哈轴也接受了援建？

况作田　是，瓦房店轴承厂是日本的，洛阳轴承厂是156项工程之一，我们比他们早。我们1950年就过来了。

吴冠男　车间里，技术员和工人的比例能有多少？

况作田　差不多50∶1。

吴冠男　整个车间多少人？

况作田　350~400人，最高465人。检查员和生产分开，我也干过检查。

吴冠男　生产线是固定的，然后根据不同产品去改规格？

况作田　是的。

吴冠男　生产流程是怎样的？

况作田　一机部订货，生产科开计划，套圈多少，车工多少，热处理多少，钢球多少，下计划，各车间按照计划组织生产。计划下来以后，就是工艺，设计，准备组准备工具，技术组做技术准备，再下到班组生产。

吴冠男　工厂中有技术改进吗？

况作田　每年都有改进计划，球原来是人工轧制，我改进，自己改造或者购买设备。总厂有综合技术科，分厂有措施组，管革新项目。

吴冠男　工艺上的改进归技术科，其余还是综合技术科搞改造？

况作田　是的。

吴冠男　哪个科室搞的改造更大一些？

况作田　还是综合技术科，项目多一些。技术科以工艺为主，工艺主要是小改。

吴冠男　有没有自发改进，不是立项的方式？

况作田　车间改造有措施组，管设计，那是小打小闹。

吴冠男　哈轴技术水平在当时行业中处于什么地位？

况作田　不算先进。

吴冠男　不是有苏联给的技术吗？

况作田　给的不是精密的先进技术，设备扛造但是不精。我们引进还是日本的多，援建时候多，但后来技术引进很少去苏联了。苏联总体来说比日本、西欧少。

吴冠男　您来的时候还有瓦房店的设备吗？

况作田　有。

吴冠男　但是日本和苏联设备技术规格配套吗？

况作田　配套，因为都用英制，现在行业内用公制的也少。日本、苏联都是用英制的。我们上学学的都是俄语，工艺技术都是苏联的，其他的技术封锁啊，也搞不到啊！

吴冠男　技改最困难的地方在哪儿？

况作田　还是设备，那时候设备不行。但那时候的人一心干，肯干，肯努力工作。还有一点，你们可能体会不深，当时的工厂管理也好。

吴冠男　计划时代技术改进有动力吗？

况作田　企业需要发展。日本企业寿命长一些，技术、质量都提高，提高就有市场，技术还能降低成本，形成良性循环。我们企业长期处于一个水平，就要淘汰。轴承滚珠技术我们开始抛光球，后来我们搞研磨球。80年代中期我们哈轴排行业第一，供不应求。我们把技术向外扩张，不能仅仅给哈轴配套，毛利到30%，技术就能促进转化，创造效益。你看仅仅一个车间的技术改进就可以使大家都获益。

吴冠男　除了完成计划以外，工厂还有剩余生产能力吗？

况作田　投入一些吧（就能有），投资改造的技术分析要考虑这些。

吴冠男　当时那些先进的技术有没有申请专利什么的？

况作田　当时有行业评比。评比在前面一机部就给你投入啊，支持你。

吴冠男　您有没有因此获得物质奖励啊？

况作田 有啊，我的证书老多了，还给奖金。钱倒是不多，千八百元，参加人分一分，30、50元的。当时看重的还是精神奖励。

吴冠男 技术进步的奖励主要还是来自精神奖励？

况作田 是的，而且10年不涨工资，我是见习技术员46元钱，转正56元，他们都38.9元。我还请了客，好大显摆，哈哈。

吴冠男 轴承质量好不好，是取决于精度还是材料？

况作田 跟材料没多大关系，主要是精度，但要是绝对没关系也不对。

吴冠男 精度取决于设备吗？

况作田 设备也不是唯一的，工艺上的（也有）。70年代钢筒精度2.5微米，现在设备工艺变了1微米，同样的研磨，用金刚石比氧化铬好。我们钢球（车间）现在黄了两年多了，为什么，技术落后了，设备工艺不行了。但是设备工艺是死的，关键是能人没了，人是主观条件。

吴冠男 支撑"中国制造"的是轴承，而高精度轴承还是要依赖进口。

况作田 我告诉你，高级轴承全进口，发改委说国外轴承的这个质量规格标准，你们能不能干出来？你要说能，你得下承诺，敢签字。另外，管理非常重要，管理的如果不懂生产工艺技术，也不行。我接触行业，所以我知道不少。还有一个，材料选择上，用好钢和用差一些的钢一吨差1000多元，有时候相互竞争就用差一些的。连铸连轧的也不一样，价格也不一样。

吴冠男 人工智能技术和激光技术有没有应用？

况作田 我现在就在搞这方面的技术，主要用于检测，温控上也要实现完全自动控制，淬火也是，精准控制。包括机械手捡球模锻等，冲压速度越快越好，配合精确一些最好，机器人机械手都可以应用，这方面发展很快。

吴冠男 您是一直在钢球（车间）吗？

况作田 后来去指挥部了，再后来提前退休了。我去管质量检查。后来因为我有技术，就去了大连，提前退休工资低啊，我没钱了，就又出去工作了。

吴冠男 对于技术人员来说，不论在哪里都是做贡献。

况作田 我真正说，我的技术在退休前没有施展出来，我的技术在退休以后才真正展示出来。举个例子，当时发展新技术，各个小厂投资百八十万元，但是没有人，不能干。我们分厂打报告给领导，但是厂里不想投资，江苏特钢就找我去了，年产值六七百亿元，也想干。轧球都是我给整的，现在市场不是最大，但是企业发展非常好，成为特钢贡献最大的部分。

吴冠男 您得的奖里面最看重哪个？

况作田 这两个，一个是硬质合金研发的奖，还有一个磨球机设计的奖。奖不重要，重要的是行业内都仿制我研发的设备。

吴冠男 您工作上的信仰是什么？

况作田 我的原则，必须不断突破原有技术，哪道工序我都熟悉，但是不要停滞，不动就是落后，落后了行业里你就站不住脚。现在我这还在《轴承》杂志发文章，老伴儿身体不好，耽误了一些。我还有个事，惦记着一直想做，设备还放在那里，等完成也可以申请专利。说话就要保证，质量上，可行性上，等等。诚信，别把钱看得太重，要不行业里你就不行。

吴冠男 您是怎么学习新技术的？

况作田 那个时代有期刊，《轴承》杂志，相关资料，热处理资料，再一个要不断实践。

吴冠男 你们一起来的都是大中专生？

况作田 没有中专生。

吴冠男 一直没放弃学习的不是很多吧？

况作田 不多。不客气地说，我对手是中国工程院胡院士。但他是团队，接班人有个是阿城人，博士也毕业了。北科大在材料热处理这方面有杰出人才，和我们一起竞争，但我有实践经验。

吴冠男 我知道，根据胡院士的资料，在洛阳轴承厂搞钢球球磨机的是我家亲戚，吴英举，他当年也是哈轴出去的。

况作田 我售后服务好，包操作，细节我也能到位，我到现场。现在有些工厂还有我的实验室，一会儿我安排完老伴儿住院我就去成都。

吴冠男 您上学期间专业实习去哪里？

况作田 沈阳机床厂，沈鼓。

吴冠男 实习期多久？

况作田 课程实习三个月，毕业实习半年。大学五年，他们学火箭的都学六年。

▶ 沈鼓：沈阳鼓风机厂，1934年成立的老企业，是全国第一个风机专业制造厂，现为沈阳鼓风机集团股份有限公司。

吴冠男 您那个年代轴承厂的同事之间关系怎样？

况作田 比政府里面的简单一些，同事关系不复杂。

吴冠男 您觉得这个企业多大规模比较合适？

况作田 得看市场，没有市场就没有工厂。现在轴承市场萎缩，瓦房店中型的，洛阳的大型的。总的来说，企业发展要好，一定要有好的领导。第二，技术进步，技术决定了质量和成本。第三，重视人才，留住人。没有留住人才的环境，不交人心，氛围人际关系不好，不行。关键技术不能塌腰。这几条决定了企业的发展。

林小江（同行的记者，《轴承》杂志编辑） 您是怎么学的热处理？

况作田 热处理学是我自学的。我是学机械的，热处理是一门课，但讲的不多，多数都是工作中自己一点儿一点儿学的。

林小江 我毕业到轴承厂来，成品六车间，圆锥，施工，面很窄，就在一个地方，忙了就上床子，质量管理，等等。没时间学习，对我们大学生的安排，也没有到处看看啊这些安排。

吴冠男 生产关系中的壁垒，越来越明显。在更早的时候，壁垒要小一些，慢慢地，随着专业分工越来越细，除了机修之外，其余都是生产阶层壁垒严重。

林小江 我后来就会那么一点儿，学东西太少了。再就做东西，管理，写文章，专业的东西都扔了。

况作田 我们那时候一边看孩子一边学习，得自己学。

吴冠男 我们现在面临这个问题，这么分散工作精力不够用。我看现代企业没有重视这个问题，很多时候不全是工资问题。

况作田 我父亲1960年就没了，母亲在山东老家，孩子上幼儿园，下班回来我看书，孩子玩。当时技校招生，老大（大孩子）不想去，就去了银行。

林小江 你们那时候还有用武之地，我们就没有需要啊！搞工艺也没有措施啊，用不上啊！

况作田 当年我搞设备改造的时候，工厂也搞计件制度，破烂机床不好用就不容易完成生产任务，我就夜里去查说明书，调整机床，不能用的零件换掉，用废旧零件重新做零件，就把机床研究透了，研究明白了，改造以后我一个人可以操作三台机床，生产效率就上去了。所以，学技术、钻研技术很苦很累，但是很值得。有焊接问题就跑去焊接研究所咨询，哈工大热处理专业来调研就跟着哈工大老师学热处理，总之创造各种条件研究设备改造。

林小江 那就是小而全的车间和工艺岗位，我那车间是大而专的，就没有机会。

况作田 我那个时候也不是总有机会，就要自己创造机会，遇到热处理的人就学热处理，遇到钢厂的就学连铸连轧，总之抓住各种技术引进啊交流啊等机会学习。

吴冠男　现在您看显微镜也能看是吧？

况作田　显微镜是眼睛，必须会看，看金相才知道工艺怎么调整，我去大连以后工艺都是我编制的。看过之后马上就得改。

吴冠男　那时候环境和现在不一样啊，现在岗位限制比较大，现在也不鼓励你都走一遍（岗位轮换）。

况作田　那时候技术员，是真培养你，用你，现在培养你但是你就跑了，走了，我白花钱了。我们那时候跳不了槽，都是国有单位，走了也是国有单位。现在也没有粮食关系限制啊，说走就走，也就不培养了。

林小江　我们同学有很多，到小厂子的反倒学的东西很全，去大厂的反倒学不了啥。

况作田　我儿子去日本丰田，去了，不让下厂，就在上面操作电脑。后来他就走了，后来去的工厂接触的就比较全面。再后来去了三菱电机，招聘的时候看你实践和各方面，三菱那时候比较不好进，但三菱给年轻人培养的机会。

2017 年 4 月 10 日于哈尔滨市香坊区

企业介绍

哈尔滨轴承厂（现名哈尔滨轴承集团公司）：第一机械工业部所属企业，被列入国民经济"一五"计划时期苏联援助的重点工程项目，中国三大轴承骨干企业之一。哈尔滨轴承厂前身是辽宁瓦房店轴承厂，是日本财阀于1938年4月成立的轴承装配厂，是当时中国仅有的一个轴承厂，1945年"八一五光复"（东北对抗战结束东北解放的习惯叫法）后，被东北人民自卫军接管，1948年隶属东北人民政府工业部机械工业局。1949年正式恢复生产。1950年10月，因朝鲜战争爆发，适应反侵略战争需要，北迁哈尔滨香坊区天兴福面粉厂旧址，遗留设备1951年组成哈尔滨轴承厂瓦房店分厂。1952年，瓦房店轴承厂独立。1955年，批准扩建。1958年，洛阳轴承厂投产，国家调整计划把大型产品转给洛阳轴承厂，哈尔滨轴承厂只生产小型球轴承、精密轴承、电机轴承和军工仪表轴承，直接承担国家各行业设备的轴承配套和维修任务。它为155个国营和地方企业代培干部和技术工人3900多人，输送工人干部6000多人，并帮助上海、南昌等轴承厂技术改造，为中国轴承工业发展做出了巨大贡献。

21

张少洁

历经艰苦，回头却释然

人物介绍

张少洁（化名），女，1938年生，原哈尔滨电表仪器厂工人。

这个企业比较早，是最早的，因此迁建、大三线，总是不断往外分。四平、天水都有我们援建的。

我来的时候什么也没有，只有那里对面有个小饭店，其余都是工厂区了。

苏联援建最开始定的是阿城仪表厂，后来援建选址又做了改动，选在哈尔滨，把继电器的部分留在了阿城，只是图纸到了这里分两部分了。

编者絮语

哈尔滨电表仪器厂所在位置曾经是哈尔滨的周边，牛房屯、沙曼屯的名字现在仍然在老人中间使用，如今这里已经是哈尔滨这座城市的繁华地段，而哈尔滨电表仪器厂厂区也已经搬迁到更远的远郊经济开发区。留在这里的大片家属区住着大多数工厂的退休老职工，走进这里又像走进了另一个世界，与一路之隔的繁华相守相望。虽然历经改造，家属住宅已经不是原有的样子，但是从来往驻足的人群中仍然能闻到20世纪的气息，同那个时代的工厂一样，职工来自五湖四海，这里的老人很多仍然带有浓重的各地口音。他们亲自参与了这片土地历史上最大规模的工业化建设，也见证了一个城市的成长。

以下文本根据叙述者语言习惯，将哈尔滨电表仪器厂简称为哈表厂。

访谈内容

吴冠男　张大娘，您好！我听说您是哈表厂的老职工了。

张少洁 是的，我是跟我丈夫来的，他转业分配到这里工作，我就跟着一起来了。

吴冠男 您是哪里人？

张少洁 我是关里，河北的。

吴冠男 您来的时候哈表厂这里什么样子？

张少洁 我来的时候什么也没有，只有那里对面有个小饭店，其余都是工厂区了。

吴冠男 家属楼原来在这里吗？

张少洁 家属楼原来最早是沿街盖的，后来才盖到这里。

吴冠男 您来的时候工厂开工生产了吗？

张少洁 是的，开工生产了。这个工厂是苏联援建的，但是人很多来自阿城仪表厂，原来是军工厂，援建以后组建选址在这里，大部分仪表有关的项目都建在这里。

吴冠男 人员都是哪里来的？

张少洁 哪儿来的都有，有直接来的，也有招工来的，还有转业兵。

吴冠男 工厂是哪一年开始建设的？

张少洁 是1954年建设的，1956年建成投产。

吴冠男 工厂主要的产品是什么？

张少洁 开始主要是车船用仪表、电度表、电工仪表。

吴冠男 苏联专家大约有多少？

张少洁 这个不清楚，但是有苏联专家。图纸也都是苏联图纸。

吴冠男 哈尔滨电表仪器厂的技术水平怎么样？

张少洁 哈尔滨电表仪器厂的技术水平可以，一直是行业龙头老大，因为比较早嘛，行业标准一般它制定，而且对全国各地的援建比较多，技术人才调动、输出都很多。

吴冠男 为什么有人说哈尔滨电表仪器厂是1953年建设的？

张少洁 实际这里有一个过程，当时东安厂迁出来迁到好几个地方，苏联援建最开始定的是阿城仪表厂，后来援建选址又做了改动，选在哈尔滨，把继电器的部分留在了阿城。但是哈表厂和阿城仪表厂是一个援建项目，只是图纸到了这里分两部分了。

吴冠男 您在哈表厂是在什么工作岗位？

张少洁 我刚开始在车间，后来坐办公室了。

吴冠男 您觉得工厂中不同角色之间的分工和协作受不受偏见影响？

张少洁　没有太大的，职能分工比较明确，各干各的。苏联的技术和规程管理是比较规范的。在工厂中，在工艺中，人是次要因素。

吴冠男　建厂时期工厂区和家属区是一起建设的吧？

张少洁　家属区先建设的，后来又逐渐扩大的，当时还有一个技校，就在道路边上。

吴冠男　您来的时候工厂规模多大？有多少职工？

张少洁　大约 3000 人吧。

吴冠男　规模在援建企业中不是很大啊？

张少洁　这个企业是行业中最早的，因此迁建、大三线，总是不断往外分。去大三线的有技术装备、人员、图纸。四平、天水都有我们援建的。

吴冠男　你们来的时候厂区这边没有什么商业，怎么解决日常生活方面的消费需要呢？

张少洁　可以去和兴路，和兴路那边有副食商店，现在好了，家门口就有市场。

吴冠男　感谢您和我聊这些。

张少洁　客气了，你们年轻人还很关心工厂过去的历史，得感谢你们。

2017 年 11 月于哈尔滨市南岗区

22

佟 娟

**不畏惧环境和条件的奋斗
造就了脱颖而出的人才**

人物介绍

佟景荣，1936年生，阿城仪表厂技校毕业，原哈尔滨电表仪器厂工人，1966年调四平仪表厂，任车间主任兼党支部书记。哈尔滨电表仪器厂先进生产者、技术标兵。

当时家中有房产14间，土地40多垧，牛、马各10多头。全靠雇工剥削穷人，过着不劳而获的生活。而亲身参加劳动的穷人都非常贫苦，那种现象该有多么不合理。这种社会制度的黑暗，使自己增强了对不同阶级在旧社会所处的不同地位的认识，增长了要使自己一定要和家庭划清界限、坚决背离自己的家庭很好地改造自己的决心。决心跟共产党、毛主席走，成为一名用自己双手创造财富的劳动者。

1955年，我被分配到哈尔滨电表仪器厂。来厂努力工作，思想上努力改造。不论在劳动岗位上还是1956年松花江抗洪战中都取得了优异成绩。1956年，加入了中国共青团组织。

口述人：佟娟

编者絮语

这是一个老工业人子女对父辈工业人回忆的口述，而口述者本人也是工业人。在东北，有太多子承父业两代三代的工业人，不同的社会环境和个人选择影响了他们截然不同的人生命运，也造就了不同时代工人阶级的阶级性格。作为老工业基地，东北企业在国家建设中承担了先行者和培养人的角色，通过人员调动、技术扶持、装备援助，以及成建制的三线厂建设，支援了全国的工业建设。这一口述就是子女对父辈工业人的深切回忆，是东北老工业人通过三线建设扶持其他地区工业建设的典型代表。

访谈内容

吴冠男 请谈谈您父亲的基本情况。

佟 娟 我父亲是阿城人，佟姓是满族姓氏，家原来是哈尔滨阿城的，1955年参加工作就在哈尔滨电表仪器厂。他们那一辈受党教育，工作上都积极肯干，吃苦耐劳。我父亲是特别典型的工业人才，工作生活都严谨，一丝不苟，特别有那股执着劲儿。但是那是一个讲出身的时代，因此我父亲特别老老实实，并且感恩党，成为努力工作的动力源。我母亲是双城人，结婚后就同我父亲来到哈尔滨电表仪器厂，我们家三个子女都出生在这儿，我有两个哥哥。1966年支持三线建设，我父亲带全家到了四平仪表厂，全家都在仪表厂工作过，我现在从仪表厂内退了。我父亲一辈子搞电镀，从电镀车间工人到技术员，提干，入党，选调到四平仪表厂继续任技术员，技术负责，后来到技术科，再后来在冲压车间，表盘处理车间任工程师，车间主任。

吴冠男 50年代工人提干（部）说明您父亲干得确实很优秀啊！

佟 娟 从工人转到技术员本身就是很困难的事情，全靠工作肯干，甚至早在哈尔滨电表仪器厂就提干了，但没有告诉他本人，只是装在了档案材料里，调到四平三线厂才告诉他的。在四平仪表厂，他被提拔到车间主任。在车间，主任和书记由一人兼任的少之又少。

吴冠男 他学的就是电镀专业吗？

佟 娟 是的，当时干电镀的人比较少，他们在阿城技校学的就是这个专业。哈尔滨电表仪器厂需要人，就把他们班整个都分配去了哈尔滨电表仪器厂。

吴冠男 您能谈谈您父亲做了哪些工作吗？

佟 娟 父亲和我说的不多，我知道的几个：1974年中国长春生产60吨翻斗重型卡车，承压杆的防锈电镀成为技术难题，很多电镀厂家达不到技术要求不敢承担。我父亲作为技术负责和领导一起到了长春会谈，果断拿下这一重任，回来以后又面临杆型过长超过实际电镀槽尺寸，通过技术改进和攻关，终于试制成功。他也获得汽车会战先进生产者的荣誉。他有一张照片是在中国自主生产60吨重卡前照的，车轮有人那么高，我印象很深刻。我父亲1958年就获得哈尔滨市技术革新能手称号，好多次获得哈尔滨电表仪器厂先进生产者、技术标兵等荣誉，到四平厂以后还是推广无氧电镀的科学技术领军人物。80年代为摒除电镀车间环境污染落后的工艺过程，我父亲主持负责重新设计改造了电镀车间，从零开始，跑长春设计院，设计新的技术标准，建成了污染小、技术标准先进的电镀车间。针对电表标牌，四平厂长期不能自主制作，需要依靠外部采购，成本高、风险大等问题，我父亲到日本学习一个月，引进了铜网印刷技术，开启了自主生产仪表标牌的历史，为提高企业生产效率做了很多技术上的改进。可以说一直为工业建设奉献到1997年退休。

吴冠男 拖家带口到三线来，本身就是对人的一种考验啊！老一辈人在技术上坚持不懈，克服困难，这种精神是值得学习的。

佟　娟 听我父亲说，他刚进厂的时候，积极肯干，电镀车间污染大，有毒，工作条件不好，很多人都没有从事很久就离开了。而我父亲扎实工作，不会三心二意，再加上当时哈尔滨电表仪器厂有苏联专家，向苏联专家学习，自己坚持学习，也去沈阳进行专业技术学习，所以在电镀行业技术上就一直比较（优秀）。

吴冠男 你们子女受到父亲哪些影响？

佟　娟 我们都学了工科。我毕业后回到仪表厂技校做了一名机械制图教师。

吴冠男 你有关于您父亲的其他资料吗？

佟　娟 这里有一个我父亲自己的回忆录，可以看看。

佟景荣回忆录：

我于1936年出生在黑龙江省阿城县西华村。在我8岁的时候，开始进入西华村小学学习。1953年毕业后，由于当时家中7口人，只有父亲一个劳力，所以就回乡参加了农业生产。但由于自己求学的心情很深，所以次年又考入阿城仪表厂技校学习电镀专业。在校学习期间，由于在党的关怀教育下，我自己的觉悟发生了较大的提高。当时家中有房产14间，土地40多垧，牛、马各10多头。全靠雇工剥削穷人，过着不劳而获的生活。而亲身参加劳动的穷人都非常贫苦，那种现象该有多么不合理。这种社会制度的黑暗，使自己增强了对不同阶级在旧社会所处的不同地位的认识，增长了要使自己一定要和家庭划清界限、坚决背离自己的家庭很好地改造自己的决心。决心跟共产党、毛主席走，成为一名用自己双手创造财富的劳动者。从而自己也就积极要求进步，经常靠近团组织，思想进步也较快，在学习阶段也取得了较好的成绩。1955年，我被分配到哈尔滨电表仪器厂。来厂努力工作，思想上努力改造。不论在劳动岗位上还是1956年松花江抗洪战中都取得了优异成绩。1956年，加入了中国共青团组织。1966年，支援四平仪表厂建厂，我被调来四平仪表厂做电镀。我技术基础好，由于自己在电镀工作中技术成熟，工作认真负责，1973年被调入技术科，担任技术员。在党的领导下和同志们的帮助下，我自己在思想上进步较快，技术上、生产管理等主要知识也都有了进步和丰富。我于1978年再调冲压车间担任副主任，1979年晋升为主任，1980年被任命为助理工程师。参加工作20多年以来，在党的领导教育下，在老同志们的帮助下，我自己从一个普通工人逐步变成一个国家干部的过程，使自己更加认识到中国共产党的英明伟大。自己世界观的改造的深入和党的各项政策的落实使自己又卸掉了出身不好的负担，达到了轻装上阵、努力为党做工作、积极要求进步的人生目标。

2017年4月20日于哈尔滨市南岗区

企业介绍

哈尔滨电表仪器厂：始建于1953年，是国民经济"一五"计划时期苏联援助的重点工程项目，曾在中国的电表行业发展中处于龙头地位，是中国电表仪器产品的发源地、电表行业标准的制定者、行业协会理事长单位。这里出产过中国第一台自行设计制造的单项电能计量仪表，为第一台解放牌汽车、第一颗人造卫星提供过精密仪表，为工业企业单位提供电工仪器仪表。哈尔滨电表仪器厂先后帮助过菲律宾、罗马尼亚、朝鲜等多个国家筹建电工仪器仪表厂，为国内近20个省市的仪表厂提供技术支持。后来，哈尔滨电表仪器厂整体搬迁至哈尔滨开发区同江路。

23

黎世恭

工作的超高责任感与生活的超低满足欲

人物介绍

黎世恭，1933年生，原中国第一重型机器厂工程师、车间主任。

我那时候叫黎世恭，开大会说操作员是黎世恭，大家一听，"临时工"？这么重要岗位还安排临时工？还有人听成"立次功"！以后谁见面就管我叫"临时工"。我后来就改了名。

我25~45岁是最好的，我认干，要不就不干，干就干出个样子来，领导交给我的任务，放心。也不奢望福利、房子啥的，我的房子是我老伴儿劳模奖励的，领导要给我好房子，我不要，我就住一楼，一楼挺好。开始还是两家合用一厨房的，后来给我扩房，就把另一家分大的好的去了，我才独门独户。

跟党走，按照毛主席路线跟到底。重机厂培养了我，如果没有重机厂我可能也就是在农村种地放猪。我感觉很荣幸，也为重机厂贡献了一辈子。

编者絮语

弥漫着钢铁味道的北国小镇富拉尔基，偏安一隅的中国第一重型机器厂，演绎了一代人的悲欢离合、爱情和被尘封与雪藏的中国故事。

以下文本根据叙述者语言习惯，将中国第一重型机器厂简称为重机厂。

访谈内容

黎世恭 我是1933年生人，1957年来重机厂，那时候叫403厂，是苏联援建企业，是中国第一个重型机器厂。我是小学文化程度，7岁在家放猪，我家是克山的，开始放自己家的，后来给别人放，好几十头猪。邻居给点儿东西，苞米、黄豆什么的，都比较困难。周边有个挖沙子的大坑，去那里放猪不会糟蹋庄稼。我小，有时候猪跑到坟地里去了，有时候坟塌了，看见有白骨，我就害怕，不敢去找猪，于是跑回家找我妈去。那会儿穷，去克山上小学，第一完小。我在克山的时候住城北小区，北大门以外有个日本农场，我们上下学都经过那里。日本小孩整个狗，放狗咬我们，我们早早绕远走。日本人枪毙中国人就在寺庙那里，尸体不收就走了。我上学也学日语，日语课，中国老师教，再学下去都说日语了，汉语反倒接触越来越少。念到高小，1947年齐齐哈尔电业局招工人，小学文化就可以去，我就去了，培训班半年，相当于技术学校。发电厂有各种工种，锅炉、汽轮机、运输煤、发电配电，等等，我分配的时候分到电气车间管配电，有师傅带。师傅姓王，四个专业随机分配，天天都供吃饭。这里解放早，我去的时候这里已经解放了。参加工作开始学徒，以后才给钱，学徒给18元钱，也可以了，苞米面5分一斤，我攒了一年，给我妈买个线毯，我妈乐坏了。

吴冠男 您想家吗？

黎世恭 不想家，在家吃不上饭，连苞米都吃不上，也就吃点儿土豆啥的。小时候我父亲种菜，我赶马车去城里卖菜，然后上学，我父亲给我买两个大饼子把我乐坏了。60年代生活困难，我去捡白菜帮子，苞米面粥。我孩子刚出生，老婆就吃俩鸡蛋，尿布放暖气上不干，屋子里也不热。孩子妈（生孩子后）7天就下地剁白菜帮子，邻居说那不得病吗？给我饿得不行，就买点儿糖渣子、豆腐渣子、咸菜去顶饿，我把孩子送他奶奶那里去了。这都是过去了，今天好了，现在吃的比过去过年都好。我现在也没有年轻时候能喝酒了，现在就喝一点儿，锻炼身体，生活规律。

我参加工作时学徒期是一年，我师傅是书记，我就入党了。403厂要人，全线支援403厂，于是我们6个同事从齐齐哈尔发电厂来了403厂。6个人有2个运行、2个检修、2个外线的，说这里要建个发电厂，给403供电，后来集中安排不建自己的电厂了，让热电厂给供电，我们就留在403了。403厂自己本身有7个馈（电回路），给各个车间供电。热电厂还有些工人也来了，运行、修理都有了。我因为有基础，当了班长，单独成立电气车间，后来叫电气分厂了。下面有修理班、运行班，100人左右，运行四个班，24小时三班倒。技术学校学了一点儿，师傅的文化水平也不高，只是工作时间长，熟练了。我们学徒不熟练也有过事故，在齐齐哈尔发电厂的时候，规程要求送电时候有顺序，师傅在后面念操作口令，徒弟在前面操作，我做操作员合刀闸不对，铁路线跳闸了，又重新调整的，铁路运行停止了一段时间。事后开会批评，扣工资奖金、安全奖，大会批评。我那时候叫黎世恭，开大会说操作员是黎世恭，大家一听，"临时工"？这么重要岗位还安排临时工？还有人听成"立次功"！以后谁见面就管我叫"临时工"。我后来就改了名。从班长开始，段长，一点儿一点儿干过来。我当段长以后，领导说你来车间当干事，后来当党总支副书记、书记，又兼任了主任。

吴冠男　那时候有临时工吗？

黎世恭　也有，工厂有任务重的时候干完就走的。

吴冠男　403从哪里来的人多？

黎世恭　全国各地来的都有，沈阳、鞍山、大连的多。我来的时候厂长是杨殿奎，后来他到一机部、冶金部去了。各个有关单位调干的很多，富拉尔基当地没有这样的人才，就全国支援，炼钢铸钢、煤气氧气、机械制造的各个工种的。那时候齐齐哈尔只有车辆厂算重工业了，后来建了北满钢厂，它们属于冶金部，加上重机厂。

吴冠男　北满钢厂和重机厂两个工厂什么关系？

黎世恭　没啥关系。

吴冠男　车间有多少人？

黎世恭　300多人。我上来没有任何人帮助，没有走关系，领导提拔啥的，就是实干。

吴冠男　你们的年轻工人能参加技术改造、技术更新吗？

黎世恭　不能。

吴冠男　大中专毕业生多吗？

黎世恭　不多，我当主任的时候来了个大学生，我要了。他是我车间第一个大学生，我培养他，先下基层锻炼，我退休以后，他当车间主任了。

吴冠男　苏联援建时期的机器是国产的还是苏联的？

黎世恭　国产的，技术和人员是苏联的。我来时候三、四车间刚建沉箱，立牛腿，热加工淬火用。

吴冠男　这种行业男工多、女工少，是吗？

黎世恭　是的。

吴冠男　那怎么找对象？

黎世恭　一般周边农村有女青年，很高兴嫁过来。因为这个大企业有发展，给供应商品粮。富拉尔基建了一个纺织厂，主要也是解决男工对象、女工工作问题。

吴冠男　你们怎么处理工作和家庭的关系？

黎世恭　我在电厂时候成家了，我爱人是商业局会计，调来后在重机厂财务室工作。重机厂要求工人住二层楼，不能住三层楼，我借我老婆光住了三楼，否则我工人出身，住不了三楼。我爱人工作认真，在重机厂有名，是省级劳模，创造出万笔无差错的纪录，会计嘛，手工账，没有差错。

吴冠男　您工作这么多年，工厂在电气方面的技术改进大吗？

黎世恭　不大。退休以前没有什么大改动，都还是手工的，我退休以后改自动的了。

吴冠男　整个工厂最高峰多少人？

黎世恭　1万多人。我车间600多人，合仪表电气，等等，整个过程就是分了又合，合了又分，好多次。我们是17车间，我们给各个重工业企业提供水压机。

吴冠男　建厂初期我们的技术是世界领先的，如何能够一直保持这种领先？

黎世恭　我们是靠苏联帮助，苏联帮了大忙，我们不行，人家帮助我们，我们脑子好使，才有了那一步（飞跃）。我住的13街区，1栋、3栋都是苏联帮助盖的，里面都是铺地板的，条件算好的。所以说（中华人民共和国成立）初期我们本身是不行的，太弱了。中国人脑子还是很聪明的，积极性应当被调动起来。那个年代是靠宣传教育调动积极性，现在是靠物质奖励调动积极性。

吴冠男　人的因素还是最主要的？

黎世恭　人才要留住，那个时候不给你（档案）关系，不给你粮食，你走不了，现在留住人才困难了。剩下的想要进步何其难！

吴冠男　您觉得人生最好的是哪几年？

黎世恭　我25~45岁是最好的，我认干，要不就不干，干就干出个样子来，领导交给我的任务，放心。也不奢望福利、房子啥的，我的房子是我老伴儿劳模奖励的，领导要给我好房子，我不要，我就住一楼，一楼挺好。开始还是两家合用一厨房的，后来给我扩房，就把另一家分大的好的去了，我才独门独户。

吴冠男　车间自己盖房子怎么盖啊？

黎世恭　我当车间主任的时候车间自己想法子，车间生产任务完成了以后我们出去包工，挣钱了，我就和工艺处、钢管厂合作，我们出钱就行。找建筑公司，楼房大，一家盖不起就合作呗，盖好了一家分多少间房。剩下钱我们就给职工搞福利，养鱼，职工最后吃鱼都吃腻了。但是当领导不能贪心，职工都看着呢，都有会计审核。

吴冠男　您这是"小金库"。

黎世恭 对,就叫"小金库",我们就是用"小金库",但是我们是给职工谋福利,盖房子有功的我给奖励,都是有数有账的,要不职工会说领导就是为了自己分好房子,那怎么能行?我对这个非常严格,阳面阴面楼层都是打分,人口、工龄放一起评。

吴冠男 如果工作中,您的方案领导不同意怎么办?

黎世恭 按照领导的办。很多时候有些事我们看不到,领导能看到,但是如果领导没看到的要提出来,也要注意态度。领导曾经要调我去党务工作,去厂里。我不愿意去,我对领导说我愿意在基层,我愿意和工人离得近一些。我工人出身,不记仇,大大咧咧。有一次工人涨工资,要评,给两个指标,有一个工人朱××没评上,急眼了,半夜跑到我家把我家玻璃砸碎了。我孩子吓坏了,我一看是瓷管子(绝缘用的材料),一定是我们车间人干的。第二天我和书记说,书记说得调查,一调查是朱××干的,因为工资没评上。书记要处分,我说算了,肯定有怨气,认为是领导的事,扣工资,他的工资也不高。书记就和他说了,后来他来我家道歉。我说你做的傻事,这是下面的班组评的,我们没评,我说以后你好好干,还有机会涨呢。后来涨工资,他技术也不错就涨了。群众有怨气,得理解,要教育,工人想法和领导肯定不一样。

吴冠男 有人说工人自律性差一些,您觉得呢?

黎世恭 这不仅是工人,所有人都是,这是人的弱点,什么时候要求都要严,规章制度一定执行,违反大了不处分也不行,但要以教育改造为目的,但是工人想法的确单纯一些。

吴冠男 您工作以后有没有参加继续教育?

黎世恭 我水平太低,高小毕业,就不去了。有这个机会,我没去。

吴冠男 您的信仰是什么?

黎世恭 跟党走,按照毛主席路线跟到底。重机厂培养了我,如果没有重机厂我可能也就是在农村种地放猪。我感觉很荣幸,也为重机厂贡献了一辈子。

2017 年 3 月 20 日于齐齐哈尔市富拉尔基区

24

陈 洁

职业女性的工作与家庭

人物介绍

陈洁（化名），女，原中国第一重型机器厂生产管理科职工。

工资分配比较严谨，按照工资条发，同等条件的都一样。工资的级别甚至全国都一样，所以生产积极性要靠政治工作来调动，要靠文化精神理念维持，人际关系、生产关系协调要靠政治工作、党团组织来完成。我们搞的工业建设，人员来自五湖四海，工人普遍的文化素质也不高，需要统一规制，明确纪律，需要教育提高，需要人去协调沟通，这是管理的成本。而政治工作和基层党团组织担负了协调和沟通的功能。

现在企业当中政治工作没有从前那个时代强势了，要想降低管理成本就搞项目制，实际上项目制虽然是为了提高管理效率，降低协调成本，有利于考核，但缺点是并不是真正面向产品的。项目是为委托人利益的，"干活不由东，累死也无功"，不是真正面向工人、产品的。

编者絮语

短暂的采访，是因为她忙着回家去给老伴儿做饭。

访谈内容

吴冠男 请问您在重机厂什么岗位？

陈　洁 最开始在模具车间，我是辽宁调干过来的，后来去计划科，管生产调度。

吴冠男 您是在富拉尔基结的婚吗？

陈　洁 不是的，我是结婚以后才来的，和老伴儿一起来的。

吴冠男　您是重机厂退休的吗？

陈　洁　我在重机厂干了一辈子，现在在家照顾老伴儿。

吴冠男　重机厂初期产品主要有哪些？

陈　洁　主要有核岛设备、重型容器、大型铸锻件、冶金设备、重型锻压设备、水压机，等等，矿山设备也有。给各大制造业冶金舰船等等做设备。根据一机部订货给各个大型企业生产，有大型钢铸、热轧、锻件，等等。

吴冠男　您感觉刚来齐齐哈尔时的社会秩序怎样？

陈　洁　社会秩序也比较好，人的精神面貌也好，困难的给补助。星期六义务劳动，不给钱，但大家都参加。

吴冠男　您家几口人？生活条件怎样？

陈　洁　六口人，建厂初期涨工资，生产也比较好，二级工一直39块6。但是我们是周边工厂里最好的了。

吴冠男　您来的时候住在哪里？

陈　洁　单位分配的房子，红砖房，质量很好的。

吴冠男　我看重机厂旁边还有附属大学啊？

陈　洁　重机厂成立同时把哈工大的钢铁冶金专业迁过来，成立东北重型机械学院，科研生产相结合，改进工艺技术，后来学院迁到秦皇岛成立燕山大学，这里现在是一个大专（高职）。

吴冠男　您工作的年代工资分配怎样？

陈　洁　工资分配比较严谨，按照工资条发，同等条件的都一样。工资的级别甚至全国都一样，所以生产积极性要靠政治工作来调动，要靠文化精神理念维持，人际关系、生产关系协调要靠政治工作、党团组织来完成。我们搞的工业建设，人员来自五湖四海，工人普遍的文化素质也不高，需要统一规制，明确纪律，需要教育提高，需要人去协调沟通，这是管理的成本。而政治工作和基层党团组织担负了协调和沟通的功能。

吴冠男　现在是另一种管理方式来完成？

陈　洁　现在企业当中政治工作没有从前那个时代强势了，要想降低管理成本就搞项目制，实际上项目制虽然是为了提高管理效率，降低协调成本，有利于考核，但缺点是并不是真正面向产品的。项目是为委托人利益的，"干活不由东，累死也无功"，不是真正面向工人、产品的。

吴冠男　也就是说工业建设中的组织工作也有管理学的意义，可以担负管理功能？

陈　洁　是的,那个年代就需要那个。否则怎么组织生产,沟通协调?

2017 年 3 月 20 日于齐齐哈尔市富拉尔基区

企业介绍

中国第一重型机器厂:始建于1954年,是国民经济"一五"计划时期苏联援助的重点工程项目。它主要生产核岛设备、重型容器、大型铸锻件、专项产品、冶金设备、重型锻压设备、矿山设备和工矿配件等产品。设计制造的产品先后装备核电企业、钢铁企业、石油化工企业、汽车企业、有色金属企业、煤炭生产基地等,不仅奠定了我国重型机械制造业的基础,而且有力地支撑了国民经济和国防建设。

25

于振清　郭云辉
艰苦工作条件中磨炼出来的一代中国钢铁工人

人物介绍

于振清、郭云辉，原北满钢厂工人。

有些时候不突破规程工作也干不了，两个炉子一起干，按说不允许，但只能这样。有时候安全员会说，"小心，注意一点儿"。天车，设计承载量不够，都超载，不超载咋干啊？炉子原来30吨钢，现在都35吨钢，都超。天车大梁什么的也怕出问题，组长、负责人都到现场，也怕出问题。

上班头10年，特别顺心，各干各的活儿，干好自己的一摊活儿，干完坐下休息一会儿，消停。干自己的那一摊活儿要是出问题，那就是你的问题。咱也不出问题啊，自己的活儿要是再干不好还得了，说不过去了。

编者絮语

北满钢厂建厂时值朝鲜战争爆发，南厂北迁时期，又是苏联援建项目。北满钢厂技术水平先进，产品质量、工人素质、工厂环境都不错，曾在工业建设中发挥了重要作用，被周恩来总理誉为"掌上明珠"。

访谈内容

郭云辉 1966年我小学毕业，家里条件不好，1967年我就进厂了。当时北满钢厂大批招工，第一批100多人，第二批80多人，我是第二批。

吴冠男 当时工厂招工检查严格吗？

郭云辉 体检，严格，很严格。

吴冠男 当时是保密厂吗？

郭云辉 是，有门禁，带东西都不让带。有的车间还有二道岗，车间不让进出。

吴冠男 生产的主要是哪一类产品？

郭云辉 各种产品都有，也有军品，炮筒一类的都有。

吴冠男 您进厂前有培训吗？

郭云辉 有，规程培训，安全培训。我原来是机电，机修车间，这个车间工种比较多，工艺都是零星复杂的，我是在铆焊组，我是铆工。

吴冠男 铆工焊工倒班吗？

郭云辉 机加两班倒，一般情况下我们临时倒班。

吴冠男 车间大约有多少人？

郭云辉 我们工段100多人，车间大的能有2000人。技术员也是先下来干活儿。有个工友当时在我们这儿干活儿，后来就上生产科了，再后来当了厂长。有的大学生也在这儿干挺多年。

吴冠男 大中专毕业生哪里来的多？

郭云辉 东北工学院的多。

吴冠男 你们看的是苏联图纸吗？

郭云辉 开始是，后来才有改过的。

于振清 我们也看原图呢，图纸上设计人员都是苏联人名。

吴冠男 苏联的机械还在用吗？

于振清 是的，控制室的开关还都写的俄文，比较扛用。

郭云辉 我老丈人他们是建筑安装留下的，还有不少辽宁的，鞍钢来的，部队转业的，1956年来一大批。"一五"计划的企业，当时在富拉尔基东边就只有一个钢厂、一个电厂，富拉尔基西边是重机厂。作为老企业，北满钢厂和重机厂不相上下，都有自己的医院、子弟学校、附属的大集体、劳动服务公司，你看这里的家属区，规模在那儿摆着。不过北满钢厂是冶金部（所属）的，重机厂是一机部（所属）的。

于振清 我父亲就是1956年招工过来的，泰康来的。鞍钢工人来的时候，我听说鞍山那边设备没有这边的先进。

吴冠男 您多久出徒？

郭云辉 三年。学钳工出徒快，但第一年月工资18元钱，我是24元，因为这个工种，铆工属于重体力。第二年26元，第三年29元，满徒33元。四年就是二级工。

吴冠男 您上班哪段时间比较累，任务重？

郭云辉 1970年以后吧，炼钢炼的多了。

吴冠男 您涨过几次工资？

郭云辉　我评三级工，是 1977 年。满徒以后 10 年涨 15 元。

吴冠男　您是在哪儿住啊？

郭云辉　在家住，我家就是这儿的，市里来的住宿舍，还有通勤的。1970 年来的，市里的和昂昂溪的多。老三届没分的都进厂了。他们遭罪，坐火车通勤。后期还成立夜校，下班还补习功课，也是自愿的。我不爱念书，现在想想其实再学一学就好了，三角函数啥的，再学学也就用上了。

吴冠男　您这个工种工作难度在哪儿？

郭云辉　看图，做金属展开，下料。

吴冠男　工艺员呢？

郭云辉　工艺员只拆图纸，下给车间班组，剩下我们得自己下料。下完料还要拼接。

吴冠男　于师傅，您在哪个车间？

于振清　我在五车间，铸造。我是高中毕业进技校，工厂职工子女进来七八百人呢。技校两年，我们是厂子照顾子弟，但也考试。够 125 分的是在技校上课，我们是在厂子里边，厂房旁边上课。

吴冠男　技校时候就是分工种的吗？

于振清　是，不同工种不同的班。我们那时候老师挺好，挺厉害，也是东北工学院毕业的。

吴冠男　您一直在铸造当生产工？

于振清　是的，我们这里工人很难调动岗位的，而且生产车间缺人。

吴冠男　也有国家订货吗？

于振清　当然，都是国家订货，一开始铸坦克盖子，两年就不干了，做别的。

吴冠男　你们倒班吗？

于振清　两班倒。

吴冠男　那零点到早上呢？

于振清　没有班，我们是砂型，炉子如果后半夜铸我们就留人。

吴冠男　也是特种钢吗？

于振清　是，锰 43。几乎没有普通钢，基本都是特种钢，合金得占 70%。具体按照工艺员下来的，遵照工艺规程。

吴冠男　成品率高吗？

于振清　挺高，那时候工人都认真。开始工人挣的差不多，收入差距小，90 年代以后收入差距拉开了。

吴冠男　就是说原来那么一个氛围和环境，引进竞争激励机制大家反而不适应？

于振清　是。

吴冠男　从五车间走的人多吗？

于振清　工人调动一般离开车间都不容易，生产车间一旦进来就出不去了。我们生产条件不好，厂房冒烟灰尘很大，生产车间缺人。

吴冠男　50年代开工一开始就是这样的生产条件吗？

于振清　原来没有，是因为后来扩建了，排风除尘都跟不上，后建的9号炉、11号炉，等等。扩建了，条件跟不上，生产条件开始恶劣了。

吴冠男　什么时候工作任务减少了？

于振清　20世纪90年代中期以后开始减少了。之前北满钢厂好，电厂的职工不少跟北满钢厂换，效益待遇比电厂、重机厂都强，是富拉尔基区待遇最好的了。

吴冠男　我看北满钢厂的产品和销售也都行啊！

于振清　都行，好好管理可以，就是和辽特合并的时候，我们的车轴钢技术也是过硬的，铁道部订货就是要我们的产品。哈轴用了一段别的钢，后来又回来用我们的。但是技术工人现在确实少了，北满钢厂出去的工人找工作非常容易，因为技术过硬。

▶辽特：辽宁特殊钢集团有限公司。辽宁省委、省政府和黑龙江省委、省政府，2003年共同研究决定将北满钢厂委托给辽宁特殊钢集团有限公司管理，后组建了东北特殊钢集团。

吴冠男　现在工厂是什么状态？

于振清　合并企业集团了吧？

吴冠男　您工作期间技术改造多吗？

于振清　多，经常，厂技术科组织实施的。主要是炼钢炉子多了，精炼的，各种合金的。以前炼一炉四个小时，现在一个小时。大的改造也不少，归辽特以后改造不少。

吴冠男　规模最大的时候工厂有多少职工？

于振清　1万多人。不算大集体企业中的工人。

吴冠男　工人中班组长、工段长脱产吗？

于振清　班组长不脱产，工段长偶尔不干活儿。

吴冠男　师傅里有参与科研的吗？

于振清　给你啥图纸你干啥，科研技改也都是技术员提的，工人自己革新几乎不行，也没有那个资格，跟技术员合作还行，但比较难。

吴冠男 有没有重大生产事故？

于振清 没有，没听说。

吴冠男 有专职安全员吗？

于振清 有是有，但是，有些时候不突破规程工作也干不了，两个炉子一起干，按说不允许，但只能这样。有时候安全员会说，"小心，注意一点儿"。天车，设计承载量不够，都超载，不超载咋干啊？炉子原来30吨钢，现在都35吨钢，都超。天车大梁什么的也怕出问题，组长、负责人都到现场，也怕出问题。

吴冠男 你们是特殊工种？一直在上班吗？

于振清 辽特来以后我就内退了。

吴冠男 您是觉得辽特管理制度不够人性化吗？

于振清 严倒是应该，但有些事情得说理，不说理，谁愿意干啊，我出去打工去。感觉有时候管理不怎么合理。

吴冠男 您感觉哪段工作最顺心？

于振清 上班头10年，特别顺心，各干各的活儿，干好自己的一摊活儿，干完坐下休息一会儿，消停。干自己的那一摊活儿要是出问题，那就是你的问题。咱也不出问题啊，自己的活儿要是再干不好还得了，说不过去了。

吴冠男 咱们工厂以前是冶金部所属的企业？

于振清 冶金部的，后来就退出了，归省里了。后来又重组，又归辽特。

吴冠男 您和您师傅关系咋样？

于振清 不好，做一个钣金展开，就把我给支走了，等我回来，他画完了，也不教给我。我师傅长辛店来的。

▶长辛店：北京市丰台区具有千年历史的古镇，中国铁路工业的重要发源地。长辛店因铁路工人参与震惊世界的"二七"大罢工而成为中国工人革命运动的摇篮。

吴冠男 我算他应该是1949年以前参加工作的吧？

于振清 他那时候40多岁，应该是。工厂有1949年前来的，山东的转业干部，还有本溪来的。

吴冠男 你们信仰毛主席吗？

于振清 信，年轻时代坚信毛主席。

吴冠男 你们有职业病吗？

于振清 我们这个车间有，有害主要是尘肺病。我们车间没有几个没病的。

吴冠男　你们退休金大约多少？
郭云辉　3000多元。

2017年3月30日于齐齐哈尔市富拉尔基区

企业介绍

北满钢厂：是一个有着光荣与辉煌历史的特殊钢企业。1951年，中苏双方在莫斯科签订了中国委托设计合同，设计一个具有世界先进水平的特殊钢厂。由于朝鲜战争爆发，选址在齐齐哈尔富拉尔基，1952年由本溪煤铁公司负责筹建。1957年11月全面建成投产，是国民经济"一五"计划时期苏联援助的重点工程项目中唯一的特殊钢企业。它为国防、军工及国家各行业重大技术装备的生产提供材料，为中国第一艘核潜艇、第一颗人造地球卫星、第一座原子能反应堆、第一枚洲际导弹等八个国家"第一"提供了重要钢材料，在中国的工业化建设中、黑龙江老工业基地的建设发展中做出了巨大的贡献。

26

赵德宏

企业兴衰等同国家命运，机器见证一代人的青春

人物介绍

赵德宏，1938年生，天津大学造纸专业毕业，原佳木斯造纸厂车间主任。

我想有这么几个原因，一是因为1950年朝鲜战争爆发，这里离苏联比较近，是朝鲜战场的后方，比较安全；二是在松花江边，又靠小兴安岭，取水取木材都比较方便，耗水量也很大的；三是原来这里是日伪时期遗留的造纸厂，刚开建，可能没有开始生产，但是各个厂房、车间等都有，1950年东北政府轻工业局决定在日伪造纸厂旧址上建设，这样利用旧有设施和基建基础比较方便。

首先朝鲜战争，由于背靠苏联、取得苏援选择在这里建厂，60年代一期扩建没有完成，等到90年代又由于设备无法提供配套而停止了续建，后期又因原木原材紧缺影响生产规模扩张。

编者絮语

被誉为"纸龙"的佳木斯东部最大企业——佳木斯造纸厂也是大体制下典型的政企、政社合一的大型国有企业。从历史生产数据与技术改进过程看，除"一五"期间的建设工程顺利达到预期外，从1958年开始的一期扩建工程，历经一期扩建续建工程、扩建续建扫尾工程、挖潜工程及20世纪80年代新引进八万五千吨设备工程，似乎都没有达到预定目的，生产系统始终存在薄弱环节，设备能力没有得到有效发挥，直到1993年企业改制。

以下文本根据叙述者语言习惯，将佳木斯造纸厂简称为佳纸。

访谈内容

吴冠男 您1938年出生,您是调干来佳木斯造纸厂的吗?

赵德宏 我是1962年大学毕业来的,天津大学。

吴冠男 您大学是学几年,什么专业?

▶ 调干:偶尔指工人晋升为干部,但一般都是指干部工作岗位变动,是计划经济体制下体制内人员流动的基本形式之一。单位组织选派学习以后分配到工作岗位的叫做调干生,以区别一般毕业生。

赵德宏 五年,那时候都五年。我就是造纸专业,专业对口来到佳木斯造纸厂的。

吴冠男 佳木斯造纸厂是苏联援建的156项工程的一个项目还是两个项目?

赵德宏 是两个。苏联援助的156项工程两个项目,一个是佳木斯综合制浆造纸厂,一个是铜网厂。

吴冠男 两个项目是同时进行的吗?

赵德宏 我想一下,制网车间是先开始的,1954年开始的,制浆造纸系统是1955年开始的,几乎是同时。实际是这样,一般建厂都是先从职工住宅开始,住宅以后是生产区的基建。我们是先制网车间,然后是电站,因为在计划中有自备电站,然后是制浆车间,其实也是一体的。

吴冠男 造纸的耗电量大吗?

赵德宏 耗电量挺大。后来还要给佳东地区供电。

吴冠男 选择在佳木斯建立造纸厂是如何考虑的?佳木斯有什么优势吗?

赵德宏 我想有这么几个原因,一是因为1950年朝鲜战争爆发,这里离苏联比较近,是朝鲜战场的后方,比较安全;二是在松花江边,又靠小兴安岭,取水取木材都比较方便,耗水量也很大的;三是原来这里是日伪时期遗留的造纸厂,刚开建,可能没有开始生产,但是各个厂房、车间等都有,1950年东北政府轻工业局决定在日伪造纸厂旧址上建设,这样利用旧有设施和基建基础比较方便。

吴冠男 您来佳纸在什么岗位?

赵德宏 我刚来在各个岗位实习,然后就一直在造纸车间了。

吴冠男 当时来的技术人员多吗?从哪里来的比较多?

赵德宏 我们天津大学有造纸专业,另外是沈阳有个纸校来的。大中专毕业生能占到最多100多人。

吴冠男 建厂开工的基本情况怎样？

赵德宏 1953—1957 年建厂，年产 5 万吨，红白松的浆，后来用落叶松。红白松比较细腻，生产高档纸，纸袋纸用落叶松强度大一些。

吴冠男 70 年代之前有哪些技术改进？

赵德宏 主要是芬兰纸机，芬兰纸机到 1979 年能达到 5 万吨规模。

吴冠男 80 年代以后的技术改进主要有哪些？

赵德宏 主要是碱回收、发电机、蒸发器、蒸煮系统、供水管线，另外又备材，重型机械和削片机，等等。

吴冠男 这么说，芬兰纸机始终也没有达到设计的 7 万吨生产规模？

赵德宏 是的。所以围绕它的技术改进也就很多。

吴冠男 佳纸所在的佳东地区，佳纸似乎是一个核心，整个地区建设和经济发展在当年是受益于佳纸的。

赵德宏 是的，作为国家的企业有责任负责职工的生活问题，家属区建设、职工福利等问题。整个工业对地区发展是有带动的，包括供电、规划改造、道路、城乡交流，等等。

吴冠男 我发现这个企业很有意思，似乎企业的命运和国家的命运是紧密联系在一起的。

赵德宏 首先抗美援朝，由于背靠苏联、取得苏援选择在这里建厂，60 年代扩建没有完成，90 年代又由于设备无法提供配套而停止了续建，再后来又因原木原材紧缺影响生产规模扩张。大概就是这样。

2017 年 3 月 14 日于哈尔滨市南岗区

27

周兴民

扎根边疆，人生境遇随工厂沉浮，是一生的最简概括

人物介绍

周兴民，原佳木斯造纸厂工人，转业军人。

60年代，自动化程度不高，劳动强度大，后来改进劳动条件增加起重设备，提高了效率。对三号机的技术改进比较多，水分自控，等等，各项指标都能跟上了，还有除尘系统的，碱回收系统的改进都有。工程技术人员也有所增加。整个说由于设备配套跟不上，一直就在不断技术改进。赶上国家经济困难，原木资源供应减少，等等，我们一直需要不断地续建和改造。

应该说，佳木斯造纸厂对地区经济和社会的贡献是巨大的，不仅为地区提供动力电力，而且对于当地的经济发展、职工福利与社区建设都有投入，是国企承担社会责任的典型。

访谈内容

吴冠男　您是哪一年来到佳木斯造纸厂的？
周兴民　我是1975年来的。
吴冠男　您是毕业来的还是招工来的？
周兴民　我是从部队转业来的。
吴冠男　那一年部队转业来厂大约多少人？
周兴民　100人左右。
吴冠男　您来的时候工厂生产状况怎么样？
周兴民　工厂生产很稳定。事实上工厂生产到1995年之后才出现转折，效益开始不好。
吴冠男　您来厂在什么岗位工作？
周兴民　我在基建科、设备安装都待过，后来去了运输科。改革开放以后我去了技改办。
吴冠男　佳纸是苏联援建的企业，在70年代苏联装备还一直在沿用吗？

周兴民　是的，苏联的是一号机和二号机。三号机是芬兰的机器，四号机主要是浆板纸。

吴冠男　苏联的工艺和规程一直沿用到什么时候？

周兴民　大约80年代。

吴冠男　您后来在技改办工作，您看是什么原因90年代企业效益不好了？

周兴民　主要是引进新设备失败，因为苏联解体，配套跟不上，浪费了投资，此后一蹶不振。

吴冠男　除了一般产品还有国家订货吗？有很多军品生产任务吗？

周兴民　有军品，主要是炮弹纸，一号机生产。

吴冠男　大规模的招工主要是哪几年？

周兴民　1958年，1965年，1967年。1958年周边招工多，1965年转业的多，1967年中学毕业生多。

吴冠男　工厂一直处于生产状态吗？

周兴民　没有停产，事实上只有检修期间才停产，其余时间没有停产过。

吴冠男　铜网厂同纸浆厂之间是什么关系？

周兴民　铜网一直是佳纸的一个分厂。

吴冠男　网厂也给其他单位供货吗，比如其他造纸厂用的铜网？

周兴民　给别人供货，好多省市都用我们的铜网。我们还有些副产品，油脂树脂等。

吴冠男　佳纸都有哪些三线厂？

周兴民　西安的三线厂，芜湖也有。

吴冠男　我听说吉林也有？

周兴民　吉林不是，品种不同。吉林那个造纸厂主要是新闻纸，我们是工业用纸，包括纸袋纸、电气上的用纸、电缆纸绝缘纸，还有一点儿盲文用纸。

吴冠男　工厂有多少分厂？

周兴民　原来三个车间，后来最多有11个分厂，还有自己的劳动服务公司，三产，安装公司，营林公司。因为用木材量大。最多时候1万多人（职工）。

吴冠男　佳纸都包含哪些部分？

周兴民　主要是有纸浆造纸、铜网制造和发电厂三个部分。

吴冠男　是自备的电厂？

周兴民　是的，热电，因为佳东地区缺电，所以经过改造后来又扩了容。

吴冠男　整个工厂建设是什么顺序？

周兴民　开始是家属区建设，然后是铜网车间，然后是电站，最后是制浆造纸。

吴冠男　佳纸是轻工业部的企业？

周兴民　对，一开始是，后来归省轻工业厅。

吴冠男　为什么铜网成为造纸的分厂？用量很大吗？

周兴民　铜网是造纸的消耗品。

吴冠男　造纸对当地的污染有多大？

周兴民　造纸没有什么空气污染，主要是水。木材要切削成片，要蒸煮，造成水污染，废水排进松花江，但那个时代不太重视这个问题。

吴冠男　您在技改办工作过，您能谈谈技术改进情况吗？

周兴民　60年代，自动化程度不高，劳动强度大，后来改进劳动条件增加起重设备，提高了效率。对三号机的技术改进比较多，水分自控，等等，各项指标都能跟上了，还有除尘系统的，碱回收系统的改进都有。工程技术人员也有所增加。整个说由于早年引进设备，配套跟不上，一直就在不断技术改进。赶上60年代初国家经济困难，到后来俄罗斯原木供应减少，我们一直需要不断地续建和改造，可以说和时代有关吧。

吴冠男　佳纸对地区经济社会发展贡献很大吧？我看整个地区规划和布局都是围绕家属区厂区的环境建设展开的。

周兴民　应该说，佳木斯造纸厂对地区经济和社会的贡献是巨大的，不仅为地区提供动力电力，而且对于当地的经济发展、职工福利与社区建设都有投入。

2017年3月15日于佳木斯市东风区

企业介绍

　　佳木斯造纸厂：1943年，日本王子制纸株式会社决定来佳木斯设立制纸工厂，先后建起造纸车间、蒸煮车间、变电所、锅炉房、仓库、机械修配厂等几座厂房。1945年苏联红军将造纸厂的机械架设拆走。1950年东北人民政府轻工业管理局决定在原日本王子株式会社纸厂旧址上建设佳木斯造纸厂。1953年划归中央轻工业部造纸工业管理局，并开始建设民用工程，是国民经济"一五"计划时期苏联援助的重点工程项目。1957年建成投产，是一座具有发电、制网和碱回收系统的综合性硫酸盐法制浆造纸企业。1960年投产芬兰200吨纸机。1993年企业改制公司制，1997年公司上市。

28

吴金龙

在战争中捡回来的命，
一点点融化在北大荒的土地上

人物介绍

吴金龙，1927年生，解放战争、抗美援朝战斗英雄，原友谊农场五分场书记。

那时候，乱七八糟的事情不允许发生，冬天没事小整顿一下，吃老乡饭要批评。一个农工是吉林来的，劳动挺好，动员还乡，走之前他说领导挺好的，养一头肥猪，要请领导吃饭。我说你请他们吧，我没去，后来群众说领导吃老乡饭，结果去吃饭的都挨了批评。

我今年92岁了，心态要好，不计较工资高低，饮食要合理，适当运动。

我想回老家去，但我老伴儿是吉林的，南方老家太潮湿，老伴儿受不了，孩子在这边，也回不去了。

我不后悔。

编者絮语

友谊农场虽然是一个农业类项目，实质是在农业机械化和工业化背景下建设现代化农业的典范，是和工业化息息相关的。"苏联援助的设备就包含一个机械修理厂的各种机床，以完成农机修理工作。""农场在两年内，2400多人就奇迹般地超额完成了国家交给的任务，数倍于三道岗万余人口四五十年取得的成就。"如果没有工业化，小农无法实现这样的规模。

同它美丽的名字一样，来自全国各地的干部、技术员、大中专毕业生、转业官兵们，把青春和汗水奉献给了这片土地。

我在好几本地方史志上看到过吴金龙这个名字，解放战争、抗美援朝的战斗英雄，却十分低调。

访谈内容

吴金龙　我是浙江温州的。解放战争期间,我参加打锦州,打天津。1949年我到湖南,湘西剿匪,再到广东,抗美援朝以后又回来了。我在朝鲜负伤,开了三次刀,我是陆军,46军136师406团1营3连,我是指导员。我1953年回的国,7月27日停战,我是25日打的仗负伤回国。我是1958年来的,我自己脱坯自己盖房,吃小米饭,住帐篷,还住过宿营车,烧柴草取暖。按原来的规划设计,分场布置的房子都向着中场,咱们中国的习惯都是南北的方向。我们来了就是开荒,开始用康拜因,后来就从美国进口农机了。我调到五分场二队当党支部书记,1958—1978年我都在连队当支部书记,与农工同甘共苦,同劳动,同工人一起铲地,机器干不过来的时候人工就上,有些低洼地机器不行。冬季变冬闲为冬忙,挖水沟,挖冻土,拿洋镐刨,和工人一起干,工人分一段,我们领导干部也分一段,没有随便吃老乡一顿饭。

吴冠男　农场刚成立的时候工人从哪里来？

吴金龙　农工从哪里来的都有,支边的,转业的,最低28块,一级32块,二级36块5,专业的70多块最高了。

吴冠男　你们对农户怎么样？

吴金龙　对农户非常好了,那都是劳动力啊,有些农户要吃牛肉,我给钱,有小孩有病没有钱,我们领导干部给一些。

吴冠男　农场当时主要种植作物是什么？

吴金龙　小麦、大豆、苞米,那时候低洼地没有开发。

吴冠男　开始为什么没有水稻？

吴金龙　开始没发现。我在东北待了四年多没吃过大米白面,没洗过热水澡,那时候没发现可以种水稻。我们（南方）家里现在都吃东北大米,但我们一开始种也没有经验,人工插秧我们也做不到。

吴冠男　那时候除草都是人工吗？

吴金龙　是的,除草那时候没有制剂,他们现在可简单了,我们还要铲地、间苗。

吴冠男　来这里的知识分子大中专毕业生多吗？

吴金龙　不多,艰苦,一般不来,知青待几年都回去了,一般结婚了才留下的。

吴冠男　知识分子少,关于农机技术等谁来完成这些工作呢？

吴金龙 有技术员，技术学校培养的，农机的技术员哪里都有。

吴冠男 您从什么时候开始从事农场的领导工作？

吴金龙 1971年我到八分场，我还是生产队干部，1978年我到分场任党委副书记，1980年到五分场，1987年我离休。

吴冠男 农场的领导工作好不好做？

吴金龙 那时候，乱七八糟的事情不允许发生，冬天没事小整顿一下，吃老乡饭要批评。一个农工是吉林来的，劳动挺好，动员还乡，走之前他说领导挺好的，养一头肥猪，要请领导吃饭。我说你请他们吧，我没去，后来群众说领导吃老乡饭，结果去吃饭的都挨了批评。

吴冠男 您来的时候已经结婚了？

吴金龙 我和老伴儿一起来的。她原来是陆军医院的护士，到了就在生产队卫生所，一个大夫、两个护士卫生员，女同志接产啊，等等，啥都干。她在八分场接生的孩子老多了，当助产士，连夜工作。有一次，一个产妇送了她一玻璃棒子豆油，表示感谢，老伴儿说生孩子正需要豆油，你们还给我送？坚决没有收，我们从来不收老乡的礼物。

吴冠男 农场生产经营如何下达生产任务？

吴金龙 上级下达指标，小麦多少、大豆多少都有指标。

吴冠男 指标都能完成吗？

吴金龙 大部分都能完成。不像现在，现在是什么挣钱种什么。

吴冠男 统一收购？

吴金龙 统一集中收购走。

吴冠男 完不成任务怎么办？

吴金龙 那也没有办法，有一年小麦垛起来都泡在水里了，一个是旱，一个是涝，影响产量。

吴冠男 有没有牺牲的？

吴金龙 甚少，自然灾害一般就是雨水大，减产。

吴冠男 您工作经历中，哪段是贡献最大的？

吴金龙 最顺心是1978年以后。改革开放了，顺心工作，产量提高，都很高兴。

吴冠男 改革开放以后工作好做还是不好做了？

吴金龙 好做了，没有负担了，精神愉快，领导干部也好做了，积极性也高。

吴冠男 来友谊农场之前那段时间你在哪里？

吴金龙　医院领导看我流血过多，不省人事，把我整到小屋，半个多月，千方百计抢救我，后来养伤时候就把我留下来做医院伤员的政工。

吴冠男　您经历过好几次生死，如何看待生死？

吴金龙　感谢党，感谢医护人员。他们给了我生命。

吴冠男　您文化程度怎样？

吴金龙　我文化程度低，小时候学《三字经》《百家姓》，没用上。到部队学的文化，自学的。

吴冠男　我看您的身体还可以。

吴金龙　我不喝酒。我们五分场，23个1949年前参加工作的现在剩2个了，整个农场还有几十个。我今年92岁了，心态要好，不计较工资高低，饮食要合理，适当运动。我以前抽烟很厉害的，现在有时候也咳嗽。我在1947年，夜晚行军没有袜子，我是南方人，怕冷，没有棉手套、大衣，脸都起冻疮了，我用一个旧衬衣，用棉花絮一下，晚上自己系上，遮住脸，真好。虽然条件不好，但尽量保护自己。

吴冠男　您立过功没有？

吴金龙　我立了五次三等功，还有师级模范。我参加了华南军区模范代表会议，在广州，叶帅（叶剑英）给我们发的奖状。

吴冠男　想过回老家吗？

吴金龙　我想回老家去，但我老伴儿是吉林的，南方太潮湿，她受不了，孩子在这边，也回不去了。

吴冠男　后悔吗？

吴金龙　不后悔。

2016年8月29日于双鸭山市友谊县

29

郭朝才

出身农场，
却是一代工人的典型写照

人物介绍

郭朝才，1955年生，原友谊农场拖拉机机修分厂工人。

那个年代没有那么多新的配件，没条件。那时候那个企业真的挺好，是友谊农场建场的时候就开始建的，生产的工艺、技术、设备、车床都是延续苏联的，苏联援助的，苏联的东西扛用。有少量捷克的，改革以后引用过美国技术设备。和佳木斯联合收割机厂合作制作的农机，后来农机转卖了，后来又收购，又转卖，和很多企业一样，合并以后就分开，再合并。

生产线上可能都单一一些，我们机加修理还都是规格种类多，相对一般工种经验见识、工作都复杂一些。

我们修理经验总结出一级修理标准，全国的农垦系统都去我们那里学习。

编者絮语

农业的现代化依靠的是机械化，机械技术的配套与维护，这些机务技术人员看似是农业工人，实则和一般制造业工人别无二致。

访谈内容

郭朝才　我们算是北大荒的第二代了，真正的第一代是我们的父辈。我一开始在农场机修厂车间，后来做过宣传干事，后来做车间支部书记，后来又做工会主席，后来又在街道办工作过，一直到退休。友谊农场北是富锦，西是集贤，东是宝清县，三县的交界，选一块地，第一任场长王操犁，在机械厂院里举行了成立友谊农场的升旗仪式。

吴冠男　您不是一直在那里吗？

郭朝才 我是土生土长的友谊农场人。后来兵团 3 师 18 团在山沟里给建设兵团建了个钢铁厂，主要供给兵团地方钢铁制品使用。我就跟我父亲去了。当地山里有铁矿，当年日本人在那里探明有铁矿，1958 年建了一点儿，后来兵团又重建，一边扫外围勘探，一边选矿、冶炼。当时是个处级单位，鞍钢设计院给设计的，矿石直接进破碎机，矿粉团球，和焦炭团在一起，进高炉。当时现役军人建的，规模上不行，1982 年正式下马。我就回到了友谊农场。

吴冠男 回友谊农场之后去了哪里？

郭朝才 机械厂，原来是拖拉机的机械修理厂。脚轮和履带式的，分场有小修，大修是我们干，一年修 134 台。我们有几个车间，机加、锻造、硫化橡胶、修理车间。冬天农闲时候，拖拉机都下来了，秋翻地之后，地冻一定程度后耗油量太大就不用了，11 月到来年 3 月。那时候种小麦、大豆多一些。我们修理经验总结出一级修理标准，全国的农垦系统都去我们那里学习。规定的作业小时，规定的耗油量，如果到了，就要回修理厂，不管你好与坏。农机科就有档案，下达大修计划，统统全部拆开成单体，火碱洗一遍。洗完之后都检验，按照标准件的标准测量配合公差，如果超过公差就要换件，或者返修，焊一层，打磨，接近了新件的尺寸，才能叫油（涂抹润滑油）然后组装。检修完毕然后农机回到作业区。

吴冠男 现在还有这种吗？

郭朝才 没有，后期就没有利润了。

吴冠男 这么大的机修工厂有多少人？

郭朝才 500 多人，一车间铸造，二车间机加，三车间修理，四车间锻造，五车间是橡胶车间。

吴冠男 小件自己都能做？

郭朝才 能做。

吴冠男 现在个人手里的农机还要修理吗？

郭朝才 现在都模块化，不怎么修理了，都是换新件。那个年代没有那么多新的配件，没条件。那时候那个企业真的挺好，是友谊农场建场的时候就开始建的。生产的工艺、技术、设备、车床都是延续苏联的，苏联援助的，苏联的东西扛用。有少量捷克的，改革以后引用过美国技术设备。和佳木斯联合收割机厂合作制作的农机，后来农机转卖了，后来又收购，又转卖，和很多企业一样，合并以后就分开，再合并。

吴冠男 您工作中的经验教训有哪些？

郭朝才 对于农机大件来说，还是要在农场的手里才能正规保养。举个例子，在开始的时候农机前面挑起秸秆的转筒，里面有个弹尺，是个偏心轴，有些农工个人的农机技术不行，就把弹尺换掉，换成自己做的零件，结果机器就开不动了。对农机损失也很大，所以说个人很难掌握这么复杂的技术，也没有正规常规修理保养的条件。对于大农机来说，一定要把它放在有技术的人手里，否则损伤很严重。

吴冠男　除了机械厂之外，还有什么是苏联援建的？

郭朝才　开始建立农场时就五个分场，后来把富锦、集贤、宝清等县的地划分过来给农场了，最多时候十个分场。当地农民直接变为农场工人。我们那时候就是集贤三道岗乡，划归以后才成为农场正式身份。

吴冠男　在机械厂你们是怎么学习技术的？

郭朝才　跟师傅学的，技术学校也给讲课，正常操作都是工作时候师傅带的。如果是学什么特殊工艺就去几个人，学几天。后来学校讲机械制图啊等等课程，也没有教材，自己编的教材，一般来说我们就是学基础的工具、材料、机加，基本的都学一学，后来进厂还是受益很大。

吴冠男　哪里的老师教的？

郭朝才　是我们高中的，一个分场一届140多人。期间十二年制改成九年，我们老三届的初中就给集中到一起上了高中，同学之间有差15岁的。二中解散以后老师到我们这儿，老师都很厉害。

吴冠男　高中毕业都去了哪里？

郭朝才　一般除了当兵都是在分场了，连队来的回连队，场子来的进场。盖上章就算农场职工了。

吴冠男　有没有去"七二一"大学的？

郭朝才　有的，主要是举荐青年典型，但也有岁数大的，恢复高考以后，就降格使用了，本科都当专科了。后来你就得重新进修一下，才能算本科，否则都不给算大学，降到大专。连高中毕业证都不好使，不是老高中毕业生后来也都重考了嘛。双补，合格证，我晋职称才知道，后来双补的，夜校的形式补课，主要是语文、数学，职教办搞的。

吴冠男　同时期的其他农场有机械厂吗？

郭朝才　不了解了，我们了解就红兴隆局的后期都有，但他们建场都晚。857、858、859都是王震部队的番号。他们农场是1958年10万转业官兵开的，我们是集全国之力的，出粮食、出人才、出经验。为了建农场都降级使用的人才。我们友谊农场最开始建的五个小楼，中间是一个中苏友谊纪念塔。

吴冠男　我去的时候没看见纪念塔啊？我看见红色那个楼了，我看出是欧式样式的建筑了。

郭朝才　那个塔被毁坏了，后来恢复建在友谊公园里了。

吴冠男　正楼我看不像苏联援建的建筑啊？

郭朝才　正楼后来整成三层了，是后加的层。

吴冠男　友谊农场整体地势比较平整吧？三道岗这个三道是从哪儿起算的啊？

郭朝才　比较平，三道岗是小兴安岭远处排过来的。总体都没有大坡，利于耕地。

吴冠男　咱们这里有大山坡吗？

郭朝才　八分场有点儿山，农机作业也不受影响，超过25度坡也不让开发了，大批的都没有，都是平原地带，三江平原。

吴冠男　一样的县，友谊农场比宝清的人口密度要小得多。

郭朝才　原来没有人的，不是城镇，就人口控制的，又是国营企业的基础上成立的，大规划的，所以没有那么密的人口。面积上和宝清县相比也小得多，后来在农场基础上成立的友谊县，后来又改兵团，兵团撤销以后恢复友谊农场，后来又改友谊县。

吴冠男　来友谊农场的下乡知青有多少？

郭朝才　几乎各个连队都有，有的连队50人不止。我还记得那时候欢迎他们，他们都穿着黄军装。半军事化管理，1968年来的。老三届的一起下来的，没有到友谊农场的，他们是分到各个连队的，跟插队不一样。他们是有工资的，和农场职工一样的，交8元伙食费，集体食堂宿舍。后来来过天津、温州、上海、北京的。我在钢铁厂的时候知青多，1975年还有一批小哈青。那时候我又去了地质勘探队。

吴冠男　是七〇二队吗？

郭朝才　你怎么知道七〇二队呢？

吴冠男　我去过，在牡丹江。

郭朝才　我在那里学习过。1974—1977年我在那里学习的。

吴冠男　我和一个杭州的知青聊过，他说那时候来下乡不习惯，没有大米吃。

郭朝才　南方人来的时候这里一般就是大豆、高粱、苞米，还有些谷物，没有水稻。

吴冠男　为什么没有水稻？

郭朝才　技术落后，只有一些自然屯的农民，沿用他们的技术，种植水稻，很烦琐，朝鲜族人多，一般靠近江的。那时候撒播方式种水稻的多，产量很低。现在都是旱育摆栽了，寒地的水稻必须育秧。稻子的籽粒满了以后正常是饱满的，粉状的，里面还有浆的，干了以后就瘪了。90年代以后友谊农场才开始大面积种上水稻。

吴冠男　机械厂的组织结构什么样子？

郭朝才　车间里配主任书记、技术员、调度员、检查员、工人班组；厂子里有生产科、技术科，说是科，实际上是股级单位。生产科管计划运行，技术科管设计等。车间里一到两个技术员。

吴冠男　车间技术员一般什么学历？

郭朝才　高校毕业，哈尔滨工业大学、北京工业大学、佳木斯大学分配来的，都有。

吴冠男　你们接触的机务技术比较全面？

郭朝才　生产线上可能都单一一些，我们机加修理还都是规格种类多，相对一般工种经验见识、工作都复杂一些。

吴冠男　您上班时候工资是多少？

郭朝才　24元钱，工资也分机务级和农工级，机务级二级工32元。地质队时候出野外，一个月出满勤补助6元。

吴冠男　当时的生活水平怎样？

郭朝才　虽然一个月32元能养活一家，但是那时候吃的啥啊？现在物质产品丰富了，啥都有，生活水平提高了。农场吃的东西倒是不太缺，自己也有菜园，下乡青年从农场回家都愿意带白面、豆油。改革以后，生产关系活跃了，物质丰富了，是比那个年代好的地方。

2016年8月1日于哈尔滨市南岗区

30

张 志

**我没有成绩，
一辈子只培养了几千个农机手**

人物介绍

张志，原友谊农场农机手，机务技校校长。

做一个好的农机手要有责任心，保养、维修，必须认真负责，正抢收时停工一个小时都是损失。

我子孙相当于继承我的事业了。我工资不多，但比工人多，我已经很满足了。这个历史我说的不全面，原来一分场建场要求面向总场，就没有考虑东北季风气候，但是我们一个场长不按照这个规定，受了批评。友谊农场的地挺好，但我们之后也改装了许多农机设备。自己琢磨的经验，要不根据高低，土地松软程度，必须调整农机，专家来我们就不调整了，他们走了我们就调整。他们专家也是大学生，有时候也没有实际经验。

我性格还行，我学生对我都行。

编者絮语

后来采访的原友谊农场的职工有很多认识张志校长的。乐观的老头儿，一辈子的农机事业，被子孙继承。

访谈内容

张　志　我是鹤立技校毕业过来的，这个学校就在鹤岗、佳木斯之间，这个学校的基础是松花江黑龙江合江三江技校。我是1953年初中毕业报考的，学习本来三年，友谊农场要人，实际待两年，就过来了。也有去克山农场的。学的农机、汽车、拖拉机，学的有日本的、苏联的机械，苏联的机械多。提前毕业一年，1955年正式毕业了。来之前说了，宝泉岭也建，需要人，报名，拖拉机站。我喜欢报大型谷物农场，升旗（仪式）以后才叫友谊农场，开始名都没定。

吴冠男　您见过苏联专家？

张　志　见过。经常一起合作。每个分厂都有俩，1956年康训班（康拜因培训班）是苏联专家讲的，哪科都有，7科7个苏联专家。

吴冠男　您对老师的印象怎样？

张　志　计划学习8个月，实际就学了4个月，翻译翻译了半天还没有翻译太好。我们在技校刚学完农机，又讲，就感觉重复，对那些刚来农场的还行，一共四个班，刘瑛任支部书记。

吴冠男　农机技术里什么技术比较难？难点在哪儿？

张　志　及时发现故障，得心应手使用，小毛病不算事就好。

吴冠男　忙的时候工时什么样？

张　志　我们新疆来的正团级，我的生产队长丰田仪行政14级，来了不管中专大学的，先上一线，直接开联合收割机。

吴冠男　大专生来多少？

张　志　多，北农机两个，沈阳东北农学院、江苏农学院都有。

吴冠男　本科生多还是中专生多？

张　志　就农场来说，中专生多，就农垦系统来说，本科生多，一次晋中级职称就33个，整个集贤县才2个。

吴冠男　您对本科生印象怎样？

张　志　直接干，不如我们中专生，但是干了一两年以后本科生就老虎插翅。

吴冠男　他们是不是后来做管理干部的很多？

张　志　那是的，但是友谊农场来说还是中专生多。

吴冠男　您觉得这是为什么？

▶ 升旗：1954年12月21日，友谊农场首任场长王操犁带领最初的建设者在北大荒三道岗北8千米处举行了升旗仪式，标志着友谊农场正式开始建设。

▶ 康拜因：谷物联合收割机，是能够一次完成谷类作物的收割、脱粒、分离茎秆、清除杂余物等工序，从田间直接获取谷粒的收获机械。

▶ 刘瑛：时北京三女中初中生，受中国第一位女大拖拉机手鼓舞，14岁只身离开北京来到黑龙江北安农场，被当年的《人民日报》报道。事迹写进初中课本。1955年刘瑛来到友谊农场，继续创造小麦收割纪录，人称云雀姑娘，她把一生都献给了北大荒。

▶ 行政14级：1956年国务院工资改革，把干部分为30个行政级，对应相应的职务等级工资。高级干部共13级，但14级享受待遇，相当于准高干。

张　志　如果要是做技术干部，还是本科生，要是做领导那本科生就少一些。友谊农场的建场级别高，12个生产队，每个都是县团级，抗战干部到这儿来只能当生产队长，人才济济。在外面的和我一样的都是场长了，我苦干了四年，成立了友谊农场的农机技校，1960年才提干。

吴冠男　您什么时候晋的职称？晋职称的多吗？

张　志　我相当于副高职称。晋职称的不多，来了66个同学，没有几个晋职称的。头三天就跑了好几个，条件艰苦，连路都没有，没按照技术员给待遇，按照工人给的。

吴冠男　来的时候住哪儿？

张　志　没有房子，搭的马架子，头一天晚上枕头旁边都是蚊子。后来给我们房子，一分场11个，就是现在三分场。按照建制，开始就一个办公室。两个生产队，最好的就是住宿营车，现在五场二队还有一个宿营车，是生产队作业用的，车还有锅炉，可以洗澡。

吴冠男　一个生产队配多少机械？

张　志　联合收割机6台康拜因，其他的收割机1台，拖拉机S80，卡特是匈牙利的2台，美国车70年代以后才有。

吴冠男　头年开荒是不是产量低？

张　志　头年地生，得三年以后。

吴冠男　除草怎么处理？

张　志　有垄间除草机。大连铁器直接连起垄，小麦没法用，大豆可以，犁铧似的。头几年没有，人工除草。

吴冠男　怎么保证作业整齐啊？

张　志　先一个人开出直的标杆，其余人按照标杆来。最长垄头1700米，进去再出来就吃晚饭了。

吴冠男　忙的时候日工作小时数多少？

张　志　联合收割机一天七八个小时不休息，换班干，要是天气不好就得抢工时。

吴冠男　您是哪年生人？

张　志　1935年，我来友谊农场时21岁。

吴冠男　您一直在生产一线吗？

张　志　后来去了技校当老师了。

吴冠男　您是在技校退的休？

张　志　是的，再后来技校黄了，我回生产队当机务队长去了，其余老师都去修路去了，后来需要农机培训我就又管机务训练。我培养了5500多人次的农机机务训练，另外不断来新机型，新机型来了，我们先学然后再给农机手培训。

吴冠男　农机配件什么的来自哪里？

张　志　专门有配件工厂，有机修专家、作业专家。不过有的作业专家技术不如我们，有时候地有高低，我们随时调整，但是专家不让，我们就偷着调整。

吴冠男　您贡献最大的是哪些方面？

张　志　是当老师，农机老师。虽然我也当了几天机务队长，多数时间为友谊农场培养农机手。

吴冠男　机务手数量如何安排？

张　志　根据总工程师安排。

吴冠男　做一个好的农机手最重要的是哪方面？

张　志　做一个好的农机手要有责任心，保养、维修，必须认真负责，正抢收时停工一个小时都是损失，操作和维修都需要倾注，秋季就得准备维修保养，冬季维修保养要跟上。糊弄没有生产效益。

吴冠男　如果农机出故障……

张　志　汽车培训时候我跟司机讲，刹车怎么用，操作起来是科学、省油又安全。中间出故障也都是没有维修保养好。

吴冠男　中间有没有改装？

张　志　有啊，经常有，有不合适的就要研究改动，提高工作效率。今天的技术更是先进，都是飞机播种，我们友谊农场的田地规划整齐。

吴冠男　你们曾经有外出培训吗？

张　志　我们去河南，一次给河南三台播种机，带连接器，但是对他们来说没有太大用处，他们地块太小，分散。

吴冠男　您和同事、学生相处关系怎样？

张　志　我性格还行，我学生对我都行。我子孙相当于继承我的事业了。我工资不多，但比工人多，我已经很满足了。这个历史我说的不全面，原来一分场建场要求面向总场，就没有考虑东北季风气候，但是我们一个场长不按照这个规定，受了批评。友谊农场的地挺好，但我们之后也改装了许多农机设备。自己琢磨的经验，要不根据高低，土地松软程度，必须调整农机，专家来我们就不调整了，他们走了我们就调整。他们专家也是大学生，有时候也没有实际经验。

2016 年 7 月 20 日于双鸭山市友谊县

31

王永岐

大工业下成长起来的一代，
接棒工业建设、继承父辈遗志

人物介绍

王永岐，1962年生，原友谊农场职工、教师。

我就是友谊农场出生的，是友谊农场的第三代建设者了。

我觉得虽然是一个农业类项目，但是，是机械化的农业，你看友谊农场除了农机以外还附带一个农机修理厂，而农机修理厂的建制和一个一般制造业工厂是完全一致的。另外，友谊农场是现代化背景下对传统农业的示范和改造项目，含有太多工业化的成分和方式方法，除了农学农艺，更多的是机械化方法、流程和组织。从国营农场的组织性来看，也具备现代工业工厂的各种因素。农业的工业化也是工业建设的必要前提，农业为工业建设提供了必要的粮食准备和原材料供应。

韩丁的讲话现在也值得看一看，讲到了现代农业的经营模式，改革开放以后的承包我们是亲历者，经验和教训值得总结。

编者絮语

这是一位友谊农场走出来的知识分子，友谊农场的第三代建设者，他了解友谊农场的历史更加宏观，事实上有好多有关友谊农场的口述和传记，记录了农场人的青春和成长。

访谈内容

吴冠男 王老师，您家就是友谊农场的？

王永岐 是的，我就是友谊农场出生的，我们是友谊农场的第三代建设者了。

吴冠男 您在学校当过教师，应该更关注友谊农场的历史吧？

王永岐 是的，这个地方是挹娄国故地，就是满族人祖先的居地，3000年前历史上的肃慎，后裔称挹娄、勿吉、靺鞨，一直生活在长白山以北，黑龙江中下游，乌苏里江流域的广大地区，建立了渤海国、金国。农场附近现在有一个挹娄文化公园。凤林古城是汉魏时期的一个古遗址，是七星河流域规模比较大的古城，有500多处居穴，估计生活过10万人口。清末，这地方划归吉林省，是旗人禁地，清末民初，有县区设置。1932年日军侵占富锦，这里一度成为抗联活动地带，1945年苏军解放富锦。1947年东北民主联军土改，1949年设置三道岗地区，1954年选址这里建设国营谷物农场，因为是苏联援建的，为纪念中苏友谊，叫友谊农场。

吴冠男 之前这里是荒地还是熟地？

王永岐 荒地很多，满族人入住中原以后，这里弃荒，旗地开禁以后陆续有汉族人、满族人过来，还有朝鲜族人，等等，清末民初的流民和日俄战争后的移民等。因为从前都是牛马畜力耕作，开发能力有限，20世纪初才有火犁，才有播种机。

吴冠男 土改以后就开始有农场了是吗？

王永岐 是的，土改以后军政大学、机关等都试办农场，像我们有佳木斯农场。（中华人民共和国成立）初期学苏联，苏联是集体农庄，也给我们一些援助，零星给了些农业机械。友谊农场的建立和发展还是"一五"计划以后，中华人民共和国成立五周年才开始的。

吴冠男 他们说的升旗仪式就是最早筹建的那批人？

王永岐 是的，王操梨，也是第一任场长。友谊农场的级别太高，因为是示范，也是头一个如此大规模的农业项目，所以级别高，来的都是调干，原来是团级的来了都是技术员、行政干事，所以友谊农场一开始就级别很高。场长是国务院任命的，副场级是由农业部任命的，很多是重要领导，因为熟悉农业业务调动过来，十七八级的干部来了当普通工作人员，副总理李富春的女儿在这里当过技术员呢！我觉得虽然是一个农业类项目，但是，是机械化的农业，你看友谊农场除了农机以外还附带一个农机修理厂，而农机修理厂的建制和一个一般制造业工厂是完全一致的。另外，友谊农场是现代化背景下对传统农业的示范和改造项目，含有太多工业化的成分和方式方法，除了农学农艺，更多的是机械化方法、流程和组织。从国营农场的组织性来看，也具备现代工业工厂的各种因素。农业的工业化也是工业建设的必要前提，农业为工业建设提供了必要的粮食准备和原材料供应。农场附带学校、医院、商店、邮局,更类似一个社会建设、一个城镇建设。国营工厂的农业工人,已经不是传统意义上的农民,一般都是具有技术的农场职工。

吴冠男　当初划过来的集贤的农民是怎么算的编制?

王永岐　他们算农工。这么大的农场不能依靠旧式方式耕作,必须培养机务技术员、康拜因手、修理工等,我们技校自己也培养了很多工人。

吴冠男　友谊农场开始耕作多少面积?

王永岐　2.5万公顷(250平方千米),主要是大豆、玉米、小麦。劳动人口少,机械化程度高,产量高,单产效率高。

吴冠男　来友谊农场的复转官兵有多少?

王永岐　1958年10万官兵开发北大荒,到友谊农场2000多人。

吴冠男　来友谊农场的知青有多少?

王永岐　陆续有1万多人。

吴冠男　我发现友谊农场好像很受女性欢迎,比如女联合收割机手刘瑛、李特特,比如韩丁,好像还有一个农业部长的女儿。

王永岐　韩丁的讲话现在也值得看一看,讲到了现代农业的经营模式,改革开放以后的承包我们是亲历者,经验和教训值得总结。

吴冠男　我看见现在都有飞机作业了。

王永岐　飞机不算什么,现在都开始无人机作业了,GPS,滴灌信息控制。改革开放以后我们也引进了美国、欧洲的技术,这一点和很多早期接受苏联援助的制造业也是一样的,谁先进就和谁看齐。

2017年9月10日于哈尔滨市南岗区

企业介绍

友谊农场:号称"天下第一场",苏联援助建设,位于东北三江腹地的亘古荒原,古肃慎挹娄国旧址,原属富锦县、集贤县。1954年秋天,以赫鲁晓夫为首的苏联政府代表团参加中华人民共和国成立五周年庆典期间,表示愿意赠送为组织播种2万公顷国营谷物农场所需机器设备,提供技术和组织上的帮助,并派遣专家充任顾问。1954年12月21日,由第一任场长王操梨在总部位置亲手升旗，从此宣告友谊农场诞生。1955年5月初开始开荒，建制历经改革，至2001年5月23日，组建黑龙江北大荒农业股份有限公司友谊分公司，存续职能隶属农垦总局红兴隆分局。2017年1月，国家发改委、中宣部、财政部、国家旅游局、中央党史研究室等单位列友谊农场为全国红色旅游经典景区之一。

32

韩景棠

从战斗英雄到工程研发的传奇，辐射爆表的人生能量

人物介绍

韩景棠，1930年生，解放战争战斗英雄，原哈尔滨建成机械厂工程师，航空炸弹专家。

1930年1月7日，我出生，我小姐姐比我大四岁，也是穷时候出生。生我那年松花江涨大水，烧的柴火都是湿的，我母亲身体不好，我母亲把我这个男生的出现，视为希望，吃高粱米嚼碎了吐到布上，喂我，我居然活下来了。

有一天我在看图纸，省国防工办一个工程师，是张作霖时期的技术科长，深夜11点多了，把我叫去，说8120份工装图纸发不出去，陈雷要求15天发完，叫我讲讲怎么整，都没办法了。我待了三分钟，没人说话，我讲话了。我说，图纸的账乱了，往100多个工厂送图纸也是问题，但我来做，很简单，我10天就能发出去。

我进了情报室后，业务学习都是我安排，他们都不是搞炸弹的，选了哈军工的、北航的专门培养。我写了航空炸弹的手册，部里的航弹规划都是我写的，我写的论文还是弹药协会选的前16篇里面的，我是谈判首席代表。《中国大百科全书》航空炸弹条目是我写的。

编者絮语

医院的病床旁，带着笑意的圆脸和光头显得温和又慈善，对襟的中式棉服和病房不常见的书本，传达出的是历经沧桑后的大繁至简，书卷的睿智也掩饰不住的传奇的一生，让人难以相信时代和命运会把这么多的故事发生在一个人身上，这些故事又让人相信，那些永恒的品质，善良、坚强，等等，是自由穿梭于不同时代的护身符。老先生特别能说，我甚至插不上嘴。访谈便成了故事会。

以下文本根据叙述者语言习惯，将哈尔滨建成机械厂简称为建成厂。

访谈内容

吴冠男 韩老先生，您好！作为老解放战争的英雄，老工业企业最初的建设者，请您谈谈您的成长经历和工作经历。

韩景棠 我叫韩景棠，生于1930年1月7日。我的祖父哥儿三个在晚清旗地刚刚开禁的时候闯关东来到东北黑龙江呼兰于金店。于金是人名，在呼兰，是满族旗人。满族人有俸禄，不用干活儿，于金家经常在外面买官做，买了个县太爷，成天骑马、坐车、打枪、玩乐，土地由雇佣的汉族人耕种。我祖父就给于金家做长工，那是140年前的事，做了很多年。我祖父虽然是农民，但头脑好使，于金家有3000多亩地，我祖父是农业管家。那哥儿俩是普通劳动人口，每次劳动都背柴回来，有了积蓄以后不想再为满族人工作，但是满族人不放。我奶奶是于金家的姑娘，这个通婚可是不寻常的，如果是嫁给满族人，要陪送土地和房屋，由于我祖父是汉族人，就没有给土地。此后我祖父有谋略策划，经营关里关外的货物贸易，用旧式马车——一个车轴也是木头的——运送，要用11~13匹马拉着，前面是骡子，要山西的骡子才够格。因为要跑到关里去，很远，路是土路，拖出来的。我家有三台车，33匹马，闲着的马轮换的还有，拉着7000斤货物，三台车2.1万斤哈尔滨商家的货物，毛皮、布匹，搞运输，我见过。种地的收入太少。五六十台车形成一个车队，集体进关（山海关），路上常有土匪劫持，老板、掌包都有武器，土枪、洋枪、大刀都有。车队里我家是车头，商铺年初到我家订车，和现在的商业合同一样，需要严密，不违约。但是我祖父目不识丁，我母亲有文化。我母亲有文化是因为我外婆家是教过三代皇帝的太师，姓王，王太师家的小姐，外婆有病，御医看不好，说乡下有郎中，可以去看看。治疗了半年以后，外婆说，我的病好不了了，说必须嫁给郎中。太师想了很久，叫外婆夜间让郎中领走，永不再见。外婆跑到长春，宽城子，生了两个舅父、姨妈等五个孩子，在诗书礼仪教育下都是有文化的，给我父亲做的棉袄也做得很细致，而且安贫乐道。祖父和客商谈判时，叫我母亲在后门听，不懂的时候借口抽袋烟去问，什么意思，到谈得差不多了，又出来，我母亲就已经在后屋把合同写好了，交给我祖父。家里收入高，银元都是找零的。修中长铁路时，我父亲已经开始当家，我父亲哥儿九个，30多口的大家，买了几千亩地。刚想再买地，就在这时候我家遭了大难了，俄国人和汉奸知道我家是车头，合伙把我父亲抓到监狱，花了好多银子保释出来了，又把我父亲抓到呼兰，大刑伺候，把几柜子的银子都拿出去了。这时候祸不单行,我家房子、几十所粮仓,在中长路边上、大榆树边、韩望道口,被来往的中长铁路的火车(蒸汽式机车的火星)给点燃了。家道衰落,后来破

▶吃大片肉:旧社会个人或家庭破产的形式,请债主集体吃肉,意即债权人会议,决定财产分配归属,之后未偿债务自然解除。类似今天企业破产程序。

产了。那时候破产,所有剩东西都给债主,吃大片肉,找士绅,分东西。人家都安排完了后路,我父亲最后一无所有,我四个姐姐,最大的比我大20多岁,我生在我家破产以后,住在别人的家里。

1930年1月7日,我出生。生我那年涨大水,烧的柴火都是湿的,我母亲身体不好,我母亲把我这个男生的出现,视为希望,吃高粱米嚼碎了吐到布上,喂我,我居然活下来了(流泪)。我父亲觉得这里已经活不下去了,去肇源二舅父家里,帮着种地。二舅父传承了中医,也种地,需要帮助,虽然是好亲戚,但是仍然自己过。我母亲有个大书箱子,有《红楼梦》《水浒传》《诗经》等,都给我念。《英雄泪》讲朝鲜人安重根刺杀伊藤博文,洪元寿教授开的学校讲授侵略朝鲜人的经历,我听了这小说,要是让日本人知道就不得了。我们家有人放风,日本人要是进院子,我家准备把书放灶坑里点燃。我11岁给人放马,起早背柴火,放10多匹马,总有狼跟着。那时候狼特别多,进院子都叼走小孩。有时候车回来进不了村,被狼截住,大的狼群需要军队制服。我和狼斗,和穷困斗,我都没有惧怕。

我14岁的时候在地里干活儿,干整活儿。我个小,我们功夫匠,干整活儿的是6根垄,有个老头儿,也想挣整工,黄豆需要从根割开,我能做到,我卖力气。后来工长说你还想去哪儿,我说没处去,他收留我干活儿,我冬天给打场。我高小的书看完之后,1946年大约7月考哈西公学,今天的肇东师范,因为师范吃饭不花钱,一年级招插班生,竞争很厉害。肇东这个学校,考进来以后,插班的地富子女被批斗以后也要来念书,学校免费吃饭。我考完,榜上没有我,正榜最后补录的,我在备取补录上是第一名,考数学,自然科目我都可以。到学校一登记,我是雇农,我是穷到底的,比贫农还红。校长陈飞,清华大学毕业的,后来做了农牧局局长,延安回来的,县委委员。当时全县16个党员,所以我积极入党,就被吸收了,当学校党小组长。我看的书多,毛泽东、鲁迅的东西我都看。我读了一年,又是文学班的班长,跟国民党接收大员、教音乐的,姓佟,胡适的弟子,展开辩论,在公开讲演会,口若悬河。我是在书上看的,我接受鲁迅的东西很快,收获最大的就是艾思奇的《大众哲学》,这个东西好看好用。

肇东县组织了战地服务团，又招了23个人，这是过去西满地委的扩军形式。我们去的齐齐哈尔军政大学，黄克诚的司令部报到，说带我们到前线，说关系归西满地委。我们也做了土改工作，吴法宪说要我们参军。黄克诚是西满的领导，那一阵就是这种形式，参军参干，包括抗日、解放都是这样的扩军形式。

　　1947年我参加了东北战场的夏季攻势，1948年参加了冬季攻势。四平以西，有新1军28团。我们搜集粮食，运往四平，急行军100里不休息，记者照相机背不动都扔了，强行军，手枪都不知道往哪里放好，沉。下雨，发了六两饼干和炒面球，100里休息后到路旁土沟里吃的猪肉炖粉条，喝的烧酒。我们的口号是，"吃菜要吃白菜心，打仗要打新1军"。那时候地头麻子割了，高粱没割，敌人从开阔地上钻出来了，就开打，敌人是新1军的残余，都带着伤，100多人。新1军敢冲锋、敢闯，警卫连有各种枪，左边是炮兵营，右边是后卫，出来就拼刺刀。他们其实是漏网之鱼，我们抓住70多人，双排刺刀，四排刺刀押着。押着的时候他们还会拿手榴弹扔我们，借放风的机会，看见飞机来了，拿衬衫挥舞，可以看出很顽固。这是我参加的第一仗，战斗虽然小，但是很有意义，面对新1军是不能麻痹大意的。

　　还有一次，我们团打新民，我留在后方，留半个警卫连，保护钱垛子。技术秘书把战斗要报给丢了，我去找，带一个老乡，是南满积极分子，骑了两头驴，跑10多里路到了河边的一个屯子。天擦亮，房顶都架着机枪，国民党骑兵2旅驻在村内。饮马的国民党兵问我，你干什么的？正好旅长在屯子头，我说那不是长官吗，我就骑驴跑上去，老乡遮着我，就跑。刚跑出来，房顶上的机枪就突突来了，驴受伤了，我没事，赶紧跑回来报信。布置之后，不过半个小时，60多个国军追来了，警卫连长布置得挺好，把敌人都抓住了。

　　解放战争四野南下的一路，有一次，从湖南进入贵州，进入广西。东北军区副司令张峰叫我，韩景棠，给你条子、路线图，给你银元，后面的那些人交给你了，我要带人先走一步，你们15天后必须赶上大队！我一看都是什么人：后勤处，唱歌跳舞的宣传队，卫生队，夹七夹八约1000人。等到了晚上，要住宿了，真正的指挥人员有秘书写战斗通知，我这两个通讯员也不会写字啊，我写也没有人送啊，这不是办法啊。我让供给处、卫生队长、炮兵连长来我这儿开会，因为没有秘书写、通讯员送，只好大体上看情况。我给开会议，供给处分配住处。警卫哨兵自派，我告诉他们我自己的指挥位置。就这样，一路走，半个月后我的队伍就赶上了大部队。等到了柳州，直插白崇禧司令部，把白崇禧部的财产都给缴获了。

还有一次，交给我的任务是带缴获的320辆汽车，往湖南走。我带着通讯员，坐美式十轮卡，一路掉山涧里30多辆，走了一两个月，才到湖南。这时候，抗美援朝战斗打响了，各部选派人去空军，我们团九个连长去了都打发回来了，就叫我去体检。人家去的都是高大胖壮的，我身高才一米六一，但我是干活儿出身，我身体素质好，行军过百里后还能帮发报员扛总机（发报机）。送去了之后还没体检，军里来电话，说直接送武汉四野司令部。朝鲜战场开战了，我想怎么能上战场啊，这时我看见赴朝39军炮车停在站台上，我就上了炮车，我就要入朝。四野司令部的通讯员骑摩托车找我，围着炮兵转，炮兵身高至少都一米六四，骑摩托的秘书问我说，"你是韩参谋？你下来，你体检合格了"。到长春预科总队还要体检，苏联人给检查，眼睛、手，检查两个多月，眼睛就14项。宣布结果，5000多受检人员中，选了54个轰炸机飞行员，27个开小飞机的，我分配到开轰炸机。航校在长春，27个哈尔滨的，27个长春的。学了几年，苏联教官说我理论好，让我毕业后留校任教。在航校任教几年以后，我从航校出来进了哈军工学习本科，1963年我从哈军工毕业。

1965年刚开始建设小三线，陈雷、李志坚接收了28个军队转业干部，其中有我，听说我是哈军工毕业，说我是技术人员，给我分配到了三线厂。在山区，让我去生产机枪，是苏联飞机上的机枪，图纸我能看懂，而且俄文，于是我到保密室藏图纸的地方管图纸。后来说我被任命了机枪试制委员会组长，但我继续在资料室。有一天我在看图纸，省国防工办一个工程师，是张作霖时期的技术科长，把我叫去，说8120份工装图纸发不出去，陈雷要求15天发完，叫我讲讲怎么整，都没办法了。我待了三分钟，没人说话，我讲话了。我说，图纸的账乱了，往100多个工厂送图纸也是问题，但我来做，很简单，我10天就能发出去。我要求管账的6个人，从现在起上班了，昼夜工作，查出图纸的号和工厂号就行，送到我那里。资料室有20多个小姑娘和一个姓罗的当过兵的主任。我布置工作，走廊两侧墙壁，隔一尺宽，把100个厂名写到上面，"你们写到墙上，一小时完成，从现在起，不下班了，立即写条子，写完我才能放你们走"。我把资料室的二十几个送图纸的组织起来填墙壁上的100个格，谁负责送图纸的，够5份就出发。我坐镇资料室指挥，不到一个星期，图纸送完了，胜利完成任务。后来昆明又来了两麻袋图纸，本来厂长和我到鸡西，把两麻袋的图纸送去。后来厂长说，我不去了，你去吧。我到了以后，鸡西煤矿公司说，我们的工作没有工时，通用也都说没有时间。跟我一起的党委办公室主任说，老韩你讲一讲，我说，三线建设毛主席亲自领导，省委部署的，我们是省委派来的，你们能干不能干，厂委讨论，不能干自己向省委汇报。后来他们才接受任务。主任说，老韩，你还真是有办法！

在小三线，昆明调来的1600人都是带家属的，没有宿舍，马上过冬怎么办？省军区副司令决定让我去搞基建，盖房子，副司令说同意我指挥。我于是参与基础设施建设，电力、水利、道路，指挥省建一公司，青冈尚志的，省运输公司，一起给盖草房。盖起来房子以后我全都给整齐全了，也算胜利完成任务。这样在小三线厂干了六年后，我去了建成厂，我感觉专业合适，本来我就是技术人员啊！

在建成厂我进了情报室，业务学习都是我安排。我写了航空炸弹的手册，部里的航弹规划都是我写的，《中国大百科全书》航空炸弹条目是我写的，当时还给了我70多元稿费呢。后来我又当了法律顾问，我去应诉，给建成厂应诉，争取利益，挽回了不少损失。到离休的时候，去香坊区政府民政科帮忙，总的来说，我闲不住，但是干的都是人民需要的工作。

历史需要记录，认真地总结，要说实话。从抗战到解放，再到工业建设，确实是中国大事变，共产党在全国的道路是正确的。我70年党龄，我经历的不是书本上的历史，是真正的历史。我今天仍然阅读《国防时报》《参考消息》。

2016年12月24日于哈尔滨市南岗区

33

杨俊臣

党给的重生，
我勤恳踏实地回报

人物介绍

杨俊臣，1935 年生，原哈尔滨建成机械厂工人、干部。

我出身苦，我现在也感谢毛主席，没有他哪有我的今天？

我 17 岁参加工作，今年 83 岁，入团也没公开。我报恩思想相当重，我们穷人可是翻身了，那干活儿没的说，一心干活儿，干活儿的时候就琢磨，这个人和别人不一样，可能是党员，我就猜。大电机，带吊挂，凡是大设备好设备，开车的师傅都是要害部门的，也不懂，但就看干净的机床都是人家管。后来就听说人家是党员，要不能让人家干吗？于是我就申请，我也入党，积极进步靠近组织，有时候少开一个会都感觉可惜。回头还想我有没有任务，后来真就入党了。

编者絮语

虽然自称是苦出身穷孩子，但是不畏辛苦，生活乐观，积极进步，工作努力。有自己的原则，放到哪里，都是一把好刀。这就是党的干部，是祖国建设最初的组织者和参与者。

访谈内容

杨俊臣 我 1935 年出生，在伪满洲国念了两年书，光复以后念了三年，凑个小学毕业。我原来就在北安枪厂做枪管工，后来做了一段生产调度，那是沈阳过去的一个老企业，上夜校，一直没有扔掉学习。1956 年我结了婚，1958 年我来到哈尔滨建成厂，调干来的时候就全家过来了。本来是做生产调度员，调来以后一看档案就叫我去了技校，办技校，我们三个人，老胡科长和一个孙同志。技校给工厂招工，有初中的也有高小毕业的。

吴冠男 技校招生有什么要求？报名的人多吗？

杨俊臣 没什么要求，身体检查，愿意来的挺多，1958年进厂的基本都是我们招来的。

吴冠男 1958年是大招工。

杨俊臣 对，1958年和1960年两批。后来我教课，用喇叭讲课，因为班级多，高中班有两个，初中班比较多。

吴冠男 工厂技校学习几年？

杨俊臣 车间等着用人，学一年就进厂。没有给什么学历，根据表现分配，也有去工厂医院的，他们开始不想去，嫌埋汰，没想到后来（当医生）还挺好。

吴冠男 您在技校待了几年？

杨俊臣 一直到他们毕业。

吴冠男 技校里都教什么？

杨俊臣 物理、化学，但是不太重要，简单一点儿，因为准备去进厂当徒工的。1960年以后我去了教育科，当书记，后来1963年去劳资科，1966年我在16车间当喷漆工，干了8年。后来去科室，我是工资组，我管全厂考勤、工资、考核，就一个人顶三个人，科室工作累脑子累心，我觉得我不适合。

吴冠男 喷漆是手工的吗？

杨俊臣 人工打腻子，打油，一遍又一遍，脏得像小鬼一样，我在北安都没这么埋汰啊！北安那时候枪管工，200多道工序，我反正第三年就进步了，有砂轮了，但是也挺累，因为砂轮本身也挺沉。

吴冠男 您一直当喷漆工？

杨俊臣 那时候生产任务重。我们还管全厂整备刷漆。

吴冠男 您是中共党员吗？

杨俊臣 我1951年参加工作，1953年入党。

吴冠男 喷漆工加班不？

杨俊臣 月末干不完加班，都自愿的，也不要工资。后来我去了保卫科，没干够就退休了。保卫科有澡堂子，可幸福了，原来只有喷漆什么的有澡堂子能洗澡。保卫科因为有押运任务，出差哪里都去，我还去过好多次。

吴冠男 押火车可遭罪了，十分辛苦。

杨俊臣 是的，去潍坊就走了10多天。人家编组的，安排车次，因为咱也不是押送食品的，到地方直接给军调了。在很多车站，一等都等好久。

吴冠男　您的工作信念是什么？

杨俊臣　诚实，敬业。

吴冠男　您愿意来建成厂吗？

杨俊臣　不愿意，我那地方熟啊！我家就是北安的，我兄弟姐妹都在那里，各科及车间也都熟悉，不愿意来。但是听党的话，来就来，到了这里本来想去车间或者当调度，也挺好。我到了在招待所待了两天，也没信，我就去问，但是没想到给留在党委了。

吴冠男　党委都什么工作？

杨俊臣　外调，黑河啊，等等，省内我都跑遍了。

吴冠男　危险吗？

杨俊臣　也有危险，还去监狱提审。那时候人员少，荒无人烟，狼多，野兽多，我入党的时候（党组织）还没公开呢！

吴冠男　您是怎么入党的？

杨俊臣　我17岁参加工作，今年83岁，入团也没公开。我报恩思想相当重，我们穷人可是翻身了，那干活儿没的说，一心干活儿，干活儿的时候就琢磨，这个人和别人不一样，可能是党员，我就猜。大电机，带吊挂，凡是大设备好设备，开车的师傅都是要害部门的，也不懂，但就看干净的机床都是人家管。后来就听说人家是党员，要不能让人家干吗？于是我就申请，我也入党，积极进步靠近组织，有时候少开一个会都感觉可惜。回头还想我有没有任务，后来真就入党了，那时候归兵工总局管。

吴冠男　您怎么看待干部、技术员、工人之间的关系？

杨俊臣　没那么复杂，干部也都是工人提的。

吴冠男　技术干部什么出身的多？

杨俊臣　好多技师都是工人出身，逐渐有经验了，当了技术员。

吴冠男　有1949年以前参加工作的工人吗？

杨俊臣　也有，马××，八级工，人很好，也很敬业。

吴冠男　60年代来的呢？

杨俊臣　中专生多，1960年以后高中多，中专的、大学生少，没有几个。

吴冠男　再早一些时候技术改造，工人多还是技术员多？

杨俊臣　最早时候工人多，技术员配合，工人参与很重要，后来就不行了，技术员层次就整了。那时候设备陈旧，改造需要改设备，后来就不需要改设备了。上边技术员就整了，工人就干活儿就完了。

吴冠男　工厂设备都是哪里的？

杨俊臣　在原来北安的是进口美国设备，是沈阳兵工厂的，中国最早的，分厂过来的，朝鲜战争爆发以后工厂过来了，工人有的跟着来了，多数就不来了，因为不了解。北安本地招的不少农民，都文盲，工厂是利用日本人的大营白手起家建设的，体质好的做力工，小的有文化的做技术工人，岁数大的赶马车啥的，过几年稳定了，有的工人就要回沈阳去。

吴冠男　您忠于毛主席是吗？

杨俊臣　我出身苦，我现在也感谢毛主席，没有他哪有我的今天？

吴冠男　您所处的环境工人群体的素质怎么样？

杨俊臣　工人素质都好，自愿加班，自觉干活儿，有时候给工时票都不要。

吴冠男　感谢您接受我们的采访！

2016年9月9日于哈尔滨市香坊区

34

赵述本

引一生奉献军工为傲，
引全家奉献军工为傲

人物介绍

赵述本，1950年生，原哈尔滨建成机械厂技术人员。

我是组长，我说按照床子的精度达不到工艺要求，因为磨具太长，孔太细，床子不行，我就在附近花园找到核桃木，因为核桃木质地坚硬，可以珩磨。

那时的企业精神，艰苦奋斗、发扬老兵工传统，人员都是抗大干部，后来讲勤俭节约、求实奉献，再后来讲求实事求是。奖励也都是精神上的，物质上的有，很少。38块8毛7的工资挣了10多年。

计划生产，科技开发是重点。最大的问题是缺乏技术人才。我们开始起步晚，没有技术储备，工程技术人员都是那个时代培养的，我们学校就一个专业，也是不行，现在好多了。那时候就靠精神。

我给你讲一个故事，60年代珍宝岛，苏联的坦克外形变了，我们的反坦克弹火箭筒，弹一碰坦克机身就滑走了。于是我们用别人的弹，最低级的弹加一个防滑帽，苏联一看这是什么高级东西，其实那就是我们做的，我参与了车帽型的靠模，但那些工人都作古了。厂史没写过，但我经历过。

编者絮语

20世纪50年代工业建设中的老企业，面对今天企业改革复杂的内外部环境，企业人文精神却更豪迈、更骄傲、更昂扬、更气冲霄汉，尽管横向相比退休职工整体收入水平都不算高，但是我们没有听到怨言，有的只是希望，是思考，是奋进。到底是一种什么样的精神深入骨髓，让他们挺起民族军工的脊梁？

访谈内容

吴冠男 您是哪一年来到建成厂？

赵述本 我1968年进厂。我老家是沈阳的，我是沈阳工学院毕业的，在沈阳和平区，我就是学机械制造，对外是机械，实际是国防工业的。我1966年初中毕业中考考进去，我们进去是中专，第二年转成大专。

吴冠男 您是分配来的？

赵述本 调令分配来的，建成厂人事部门到学校要毕业生，把我们带回来的。

吴冠男 来的时候知道去哪里没有？

赵述本 临走之前告诉的，到哈尔滨。

吴冠男 一起来了多少人？

赵述本 一起毕业的20多人，到我们厂是10多个人。其余去另一个兵工厂。

吴冠男 我们厂主要生产哪些产品？

赵述本 也不少，车、航弹等。

吴冠男 建厂初期的设备条件都具备吗？

赵述本 人员、技术、装备都有，兵器航空是主要的。解放以后日本人留下一部分器材，但很少。

吴冠男 作为兵工厂当时没有公开这些？

赵述本 当时应当按照民品公开的。知道是兵工厂。

吴冠男 您来厂专业对口吗？

赵述本 基本对口，我是生产工具的，装备制造，提供工具。军品具有特殊性，军标、材料还不一样，还保密。在西方国家，军品是单独设备，我们没有，我们能用民用的就用民用的，因为民用设备造价低，通用性广，好维护，除非生产线不能的，没办法的自己生产制造。工艺流程基本是苏联标准，现在是世界标准。

吴冠男 你们上学学俄语吗？

赵述本 是的，学俄语的。

吴冠男 工厂中的装备改造频繁吗？

赵述本 频繁，产品如果改造，装备就要改造。

吴冠男 这种改造主要在工艺上还是装备上？

赵述本 装备的技术也得有，生产工艺也有，产品标准化。我们把苏联标准还要改成我们自己的标准,因为要形成自己的体系不受别人控制,当时中国标准很乱,有日本的、德国的,因为在中国战场的武器太杂,也有德国的枪械等,我们能拿来的哪里都有。

吴冠男　自己制定标准有没有自己裁判自己这种执行上的问题?

赵述本　不存在,军品也要验收啊,但是例如考虑公差配合,标准我们可以放大缩小。

吴冠男　产品主要集中在哪些方面?

赵述本　60—70年代中期以航空炸弹为主,规模具体我不说了,太大的也做过,没用,没有那么大飞机。国家制定生产,指令生产,后来航空炸弹不适用了,开始研究新品种。军演的时候放出去,到90年代末,我们一直是比较全的,以后主张小而精,向尖端发展,企业生命在于有没有新产品。

吴冠男　我看最开始这一带不是咱们厂吧?

赵述本　1952年9月建厂,生产初期和苏联援建的三大动力一起,为什么建在东北?前方在打仗,不安全,所以在后方比较安全。哈尔滨最开始考虑枪械,没考虑炮弹,以修理为主,后来想生产,定了航空炸弹。20世纪60年代之前我们没有能力生产炸弹,20世纪60年代三大动力厂开始扩建,把我们缩小了一些,1962年我们又扩建了这一块。

吴冠男　工业建设初期我们自己有没有研发能力?

赵述本　有。外援的技术不是什么都有的,很多技术改进要靠自己。

吴冠男　生产中,工人作用大还是技术干部作用大?

赵述本　技术干部为主,三结合。

吴冠男　技术改进的动力在哪里?

赵述本　以需要为主,项目是我们确定的我们上报,然后生产实验。

吴冠男　新产品效率会不会低?

赵述本　不一定,有大投资而且是系统性研究,企业考虑国家需要,国家把这个主动权牢牢掌握在自己手里。

吴冠男　工人业务素质会很高吗?

赵述本　依靠学习练习,工人学徒三年呢,在实践中学习,按照图纸完成就可。工人想到的只是,你交给我的任务我完成,至于完成过程中发现达不到,出现技术问题要找技术员。

▶ 三结合:即"两参一改三结合"。1960年3月22日,毛泽东批转鞍钢报告,强调要实行民主管理,实行干部参加劳动,工人参加管理,改革不合理的规章制度,工人群众、领导干部和技术员三结合,即"两参一改三结合"的制度,并称为"鞍钢宪法",与苏联"马钢宪法"的一长制相对立。

吴冠男　如果发现现有工艺达不到设计要求怎么办？

赵述本　一是加强人员培训；一是改进装备，工具改进，达到合乎要求。几个方面。

吴冠男　那个年代如何培养高素质工人？

赵述本　靠知识基础，技术上还是大中专毕业生。

吴冠男　您的工作中有哪些困难的地方？

赵述本　比如药柱，模具精度要求非常高，磨到那种光洁度，一般不容易做到的。

吴冠男　您怎么解决的？

赵述本　我是组长，我说按照床子的精度达不到工艺要求，另外磨具也不行，成品太长，孔太细，床子达不到要求，我就在附近花园找到核桃木，因为核桃木质地坚硬，可以珩磨。

吴冠男　您怎么想到用这个核桃木来磨？

赵述本　我在学校时候听说外国有这么干的，但外国用的专业的磨轮，我使用的时候也没有那么专业的磨轮，太长，就两头磨。

吴冠男　那中间不好过渡啊，不容易啊。

赵述本　是的，全靠手指掌握，精度要求又非常高，没有办法，那时候没有设备。

吴冠男　您有没有获奖啊？

赵述本　我有获奖的，我提各项技术改进要求领导都支持，我做出的成绩，技术改进，常常是在没有条件的情况下想办法。

吴冠男　如何在条件不够的时候搞技术攻关？

赵述本　那时的企业精神，开始时候都是军工抗大干部，都讲发扬传统，艰苦奋斗、发扬老兵工传统，后来讲勤俭节约、求实奉献、自立自强。奖励也都是精神上的，物质上的有，很少。38块8毛7的工资挣了10多年。

吴冠男　那您是按照技术干部编制来的？

赵述本　是的。

吴冠男　我们这样的企业管理上有什么特殊性？

赵述本　一直是军事化管理，生产任务反正也要完成，来的人员素质都好，所以没有太大问题。

吴冠男　企业管理重点在哪里？

赵述本　计划生产，科技开发是重点。最大的问题是缺乏技术人才。我们开始起步晚，没有技术储备，工程技术人员都是那个时代培养的，我们学校就一个专业，也是不行，现在好多了。那时候就靠精神。我给你讲一个故事，60年代珍宝岛，苏联的坦克外形变了，我们的反坦克弹火箭筒，弹一碰坦克机身就滑走了。于是我们用别人的弹，最低级的弹加一个防滑帽，苏联一看这是什么高级东西，其实那就是我们做的，我参与了车帽型的靠模，但那些工人都作古了。厂史没写过，但我经历过。

吴冠男　你们为国家的军事工业做出了巨大贡献。

赵述本　都是过去了，不提了。我一家子都是军工人，我姐姐搞一辈子航天，一家子人的一辈子都奉献给国家了。现在我们缺乏技术人才，大学生不是一来就能干的，也需要老人带，一个项目锻炼人才到成手怎么也得八九年。同时工人的技术水平也要好，我们那个年代六级工的工资相当于工程师工资，工资待遇同比也不高。企业如果还是那个计划的管理体制，人才问题好解决，但是市场化了不行。要调动各方面的积极性。

2016年9月9日于哈尔滨市香坊区

35

程俊英

**默默工作、默默生活，
亲身见证整个工业大时代**

人物介绍

程俊英，女，原哈尔滨建成机械厂工具装备车间工会干部。

我后来做工会干部，就是管这个事。那时候什么都管，那时候孩子出生56天，孩子母亲就上班，可以送奶，但是不管怎样你要上班，没人管送托儿所。我到现在给孩子带孩子，自己孩子都没这么带过，没办法，孩子也忙啊！

精神上精神状态好，才能保证质量，减少事故，但是今天又不能全靠精神上的刺激，还要有纪律和物质激励制度。

访谈内容

吴冠男 作为兵工厂的女工，请您谈谈您的工作经历。

程俊英 我是1946年进的厂。我老家是山东的，小时候就过来了。我是技校毕业，技校培养了一大批技术工人，21中学毕业然后进的建成。我在家里孩子中是老大，条件不好，就工作了，看招生简章，报了建成的中专。

吴冠男 有没有严格体检？

程俊英 主要政审比较严，体检还可以。

吴冠男 您来在什么工作岗位？

程俊英 我在工具车间，然后搞管理了。

吴冠男 生产车间和管理岗位之间区别怎样？

程俊英 没有太大感觉，工资都一样，管理需要一定的生产一线的基础，才能知道怎么管理。我们在工具车间的东西非常严格，在这里高级工比较集中。不明白的话不好管。

吴冠男 一般生产车间女工多吗？

程俊英 整体基本上占20%左右，二线女工多一些。

吴冠男 计划时代企业管职工生活福利的。

程俊英 老企业还是小社会，职工吃喝拉撒睡都管，划区便于管理、保密等，分开独立，我们现在也不是这个方式了，改革这几年走了单一民品、军民结合、纯粹军品这三个阶段。

吴冠男 国家订货的企业如何衡量效益？

程俊英 我们国家的定价是根据储存量考虑，其他的预算等等方式不合理。国家体制不一样，我们不可能像美国到处打仗，我们也可以定价很高。举个例子，我们在60年代航空炸弹，对越自卫反击战库存一下清空了，这就是根据战场要求。我们现在减员，高精尖，就是根据，高精尖的方式就是养活我一个企业，根据你的能力去发展。实际是关乎企业和国家整体发展的考虑，1万多人到现在3000多人，还不能高收入。比如刚改革开放时期，我们开发的钢瓶就是民品的一个例子，我们是行业内最早生产钢瓶的。

吴冠男 工作过程中工作和家庭冲突如何处理？

程俊英 我后来做工会干部，就是管这个事。那时候什么都管，那时候孩子出生56天，孩子母亲就上班，可以送奶，但是不管怎样你要上班，没人管送托儿所。我到现在给孩子带孩子，自己孩子都没这么带过，没办法，孩子也忙啊！

吴冠男 政企合一时代的福利制度其实也有好处是吗？

程俊英 是，只是现在人们对这个有要求了，政企合一的安排不能讲求质量，水平都不高，市场化使得竞争的服务水平提高了。我们企业管理当初是没办法，服务投资是因为建设初期没有，为了带动。这个矛盾不是靠政府解决的，是过渡的办法。

吴冠男 您觉得对于个人而言，最好的工作时期是哪段时期？

程俊英 工作的最后10年，有管理经验，工作得心应手，我非常清楚哪台设备什么样，在哪儿，不行是你工人的问题。

吴冠男 管理干部中本科生多还是中专生多？

程俊英 没有那么多，我们部四所大学，北理工、南理工多，技术上根据你自己个人钻不钻，不仅是社会环境，也在个人努力。

吴冠男 学生到工作岗位以后水平上是如何分化的？

程俊英 看个人上进不上进了。

吴冠男 企业有没有生产事故？

程俊英 小的有，大的没有。生产有保障装置，安全技术保障好，事故就少。职工遵守操作规程，工人参与管理和管理工人不一样，工人参加管理是自觉的，很少出事故，这个靠整个安全管理措施，靠生产实践，光靠制度永远不行。

吴冠男　您觉得靠精神上管理职工好，还是靠制度管理职工好？

程俊英　精神上精神状态好，才能保证质量，减少事故，但是今天又不能全靠精神上的刺激，还要有纪律和物质激励制度。

2016 年 9 月 9 日于哈尔滨市香坊区

企业介绍

哈尔滨建成机械厂：始建于 1952 年，是中国兵器工业集团公司所属军民结合型骨干企业。黑龙江东北老工业基地的重要组成部分，几十年来为国家军工和民用钢材制品生产做出了巨大贡献。

36

姜永礼

林业工人的苦与乐，我愿意向你表达

人物介绍

姜永礼，1957 年生，原宝清县林业局头道岗林场工人。

那时候林场属于吃国家粮，而且周边的小姑娘也羡慕。条件艰苦，有的地方还是地窨子，有的条件还没有火炕，有的就是铺树枝子。油桶开个盖，放倒，立个烟囱，就烧火做饭了。

工友关系相当融洽了，上山干完活儿，回来地窨子，馒头、高粱米饭、两个菜，大伙儿围一圈，开心。

孩子上初中以后感觉累了，来这边以后我也当现场员了，能月月开工资了。

编者絮语

如果说农村妇女在口述回忆过去的时候更愿意用"我孩子几岁"作为历史事件的时间分期和标志，那么在工厂环境中，工业人口述史中更多的是使用工资多少作为历史分期的标志，因为工资相对固定，长期不变，级别清楚，同时附带的就是苞米面这种主食是多少钱一斤。可见，在硬通货币值稳定，收入及价格长期稳定的环境下，主要收入与主食价格成为衡量时间和记述回忆的标志性指数。

访谈内容

吴冠男 您哪一年参加工作？参加工作就在林场吗？

姜永礼 1975 年我参加工作，在林场。当时林场和现在区别也不大，老的脱坯的房子，60 多户，现在 100 多户，现在都下山盖房子了。

吴冠男 那时候作为林业工人的工作量怎么定？

姜永礼　工作量，我参加工作的时候工资32块，上山的话定额补助3块6毛4。论平方活（以平方为单位），刨穴就论个（以个为单位）。装车，抬木头，打枝，伐、打、造。

▶伐、打、造：林业伐木工作程序，伐即伐木，放倒树木；打即打枝，去除小枝；造，即精整造材。

吴冠男　都是天然林吗？

姜永礼　是。

吴冠男　木材大约多粗？

姜永礼　30、40、80厘米都有。

吴冠男　都是机械化方式？

姜永礼　都是人工方式！我工作才开始有3马力油锯，慢慢有5马力的，那是进口联邦德国的。

吴冠男　采伐之后如何装车？

姜永礼　放倒以后，以班组为单位上山，打、伐、清，集材，用牛马集材，楞材。

吴冠男　林场六七十户都是什么构成？

姜永礼　有家属，有待业青年，工人都有。

吴冠男　您怎么去的林场？大约是什么年代？

姜永礼　原来我家调过去的，我跟着去的。开始不是正式工，后来才转正的。

吴冠男　班组生产中工友关系怎样？

姜永礼　工友关系相当融洽了，上山干完活儿，回来地窖子，馒头、高粱米饭、两个菜，大伙儿围一圈，开心。

吴冠男　一般都是什么时间采伐？

姜永礼　那时候上山早，过了10月1日。

吴冠男　不是四季都伐木？

姜永礼　不是。地里粮食都没收呢，就上山，人工还一伐两万方呢，这个时候起树好起，趁着没冻把树放倒，然后青年工人大批一起上山打枝造材，工具拿下来以后清林。

吴冠男　什么时候能回来啊？

姜永礼　嗯，得一直到3月，冬天半年都在山里，谁家有事隔三岔五请个假。

吴冠男　狼很多吧？

姜永礼　什么都很多，狼、鹿、野猪。

吴冠男　有没有什么危险呢？

姜永礼　集体生活就没有太大危险。

吴冠男　林业生产基层组织管理结构是什么样的？

姜永礼　书记、场长、副场长；管生产的场长管山里，两个到三个现场员，管班组，然后下面是班长，再下面是工人。

吴冠男　林业生产如何组织实施作业计划？

姜永礼　提前设计，哪个山哪个沟报计划给上面，批准以后就可以实施，每年有计划。早些年资源多，不用太多规划，进山沟以后，今天伐这个坡，明天就伐那个坡。

吴冠男　伐木对水土破坏力巨大是吗？

姜永礼　是的。

吴冠男　70年代是计划经济，不讲这个。

姜永礼　现在是市场，但是生产还有计划。头几年的林子不让采。

吴冠男　您父亲也是林业工人？

姜永礼　是的，也是70年代来的，他以前是粮食系统的。

吴冠男　70年代林场怎么招工？大规模吗？

姜永礼　我们没有，我们一般就对调，进城一个出城一个。50年代是大规模转业兵，10万官兵转地方，来林场很多。1949年前参加工作的现在不好找了。

吴冠男　现在工作任务重吗？

姜永礼　现在工作任务就是管护，没有太重。

吴冠男　您什么时候结的婚？

姜永礼　1980年。

吴冠男　当时好找对象吗？

姜永礼　还可以，那时候林场属于吃国家粮，而且周边的小姑娘也羡慕。

吴冠男　当时的条件是怎样的？

姜永礼　条件艰苦，有的地方还是地窨子，有的条件还没有火炕，有的就是铺树枝子。油桶开个盖，放倒，立个烟囱，就烧火做饭了。

吴冠男　林场的领导和工人之间关系怎样？

姜永礼　上山领导和员工吃住都在一起，到了设立个指挥部，然后各负其责，现场组织。作业区，生活区，男大棚、女大棚分开住。生产场长领几个现场员，领导有时候也上山检查工作。

吴冠男　咱们林场产品品种都有什么？

姜永礼　有民用材，工厂材，有国拨材，运输靠红兴隆，兴凯转运站，地方材直接到场了，工厂就到林业局签合同，下令放行了。那个时候人一根筋，自己的工作任务要完成。那时候也都是人工，没有那么高机械化程度。机械对植被破坏得太厉害了，车一进，拉着，转一圈，地都毁坏了，小树骑着就过去了。那时候手工作业一般就牛马，这边没有特别陡的坡，所以都可以。上山一般几十个人，有定额，刨几个，多大平方，都有数，有计划。

吴冠男 您完成定额累不累？

姜永礼 勉强完成，挣的也少啊。

吴冠男 您一个月挣多少钱？

姜永礼 三十几块钱。我们不分级，国有的可能分级，我们营林的，每天1块7毛8。我们不是森工系统的。国拨林出材每年1万方左右。

吴冠男 后期您工作也是计划体制吗？

姜永礼 作业是，刨穴割带，给你多少面积你去完成；第二年给你多少苗，栽种多少树，都有计划。但是那时候刨穴割带计件，可以多干多得了。

吴冠男 吃粮给多少？

姜永礼 重体力给37斤，大米看不见，白面5~6斤，多数苞米面和大楂子。

吴冠男 上山作业的时候伙食怎么样？

姜永礼 还可以，林场自己的伙食点，核销一部分，也是饭票。有菜有肉，大炕，有鱼，有时候有酒。那时候似乎不怎么想事情，不像现在，心累。

吴冠男 什么时候感觉累了？

姜永礼 孩子上初中以后感觉累了，来这边以后我也当现场员了，能月月开工资了。但是要想的事情多了，精神压力大了。

2017年7月2日于双鸭山市宝清县

企业介绍

宝清县林业局头道岗林场：位于黑龙江省宝清县西南部，场址距离县城23千米，隶属于宝清县林业局。林场始建于1959年，累计为国家生产商品材35万立方米，年生产木材8000立方米；更新造林4.65平方千米。林场东部与东方红林场相邻，南部与虎林市七虎林林场接壤，西南与宝山林场接壤，北部与朝阳乡农田相接，西部与龙头林场相邻，行政区域属龙头镇。

36 姜永礼 林业工人的苦与乐，我愿意向你表达

37

李 跃

**投身化学工业，
用肉体对抗，用精神筑碑**

● **人物介绍**

李跃，原齐齐哈尔榆树屯化工厂动力车间工人，后任车间副主任、车间联合支部书记。

1996年单位例行体检的时候发现占位，按照癌症做的，大开胸做的手术。人的肺叶是左二右三，共五叶。后来发现是结核性囊肿，切除下来以后当面打开看是黄脓，现在除了气短没有什么事。我刚上班那时候抽烟，到炼油以后单位不让抽烟，我就戒烟了。

工厂最早名字叫榆树屯化工厂，后来叫齐齐哈尔什么厂我忘了。时间不长，1989年以后就叫齐齐哈尔化工总厂了。效益最好的时候，职工通勤车有21台黄海大客车。老厂子，聚氯乙烯和炼油项目都挨着，都在榆树屯那儿。离得不远，因为供氯、供水蒸汽管网都在一起，不能太远。现在中国化工炼化收购了炼油，氯碱收了聚氯乙烯。设备跟债务走。聚氯乙烯时好时坏，始终生产，设备也更新了，追加了投资。还是国字头的企业，但是盈亏平衡。

我做车间管理的时候，化工技术成熟，生产运行就可以，只要是按照操作规程就行。人员管理就看领导水平了，工人的自律和自觉性不是太要紧，就是靠严格管理了。除了正常的以外就是劳动纪律，化工企业特点是没事，值守性强，有一句话叫"左开右闭，没事扫地"，只要你认真巡检就可以。

● **编者絮语**

这是闯关东的后代，非常实在的老人，很认真。整个采访过程自述很多，看来是做了准备，我只偶尔提问。家庭与命运随时代飘摇，晚年才享受美好时光。一代人的努力和艰辛仿佛都能被触摸到。身体不好，曾因肺肿瘤动过大手术，话说多了就有点儿喘。

访谈内容

吴冠男 您是榆树屯化工厂退休的,原来做过车间主任,请谈谈你成长和工作的经历。

李 跃 我1952年出生,我父亲是榆树屯火车站的站务员,日伪时期就是,我们父辈是从辽宁过来的。土改时我爷爷是地主,那时候不论长短工,雇工就算地主。我父亲来东北啥也没有,定的贫农。1969年,我从榆树屯中学毕业,当时的大环境是上山下乡,但是我们的政策是家里有一个下乡的或者本身残疾的、独生子女的就可以不去。另外,我们这一届下乡是去密山,密山是边境,要求政治素质高,政审不合格的也不能去,我们这一届也就一半下乡去了。我们一届三个班60多人,剩30人左右,这30人多数去了大民屯林业机械厂。

1958年的时候,在日伪时期的齐齐哈尔战备机场的库房、三角钢的架子库房的基础上建了个榆树屯化工厂,应该是一个市里的企业。抗战结束的时候(文献上是1948年)听说是糠醛厂,做酒精什么的,后来加了火碱,用大锅熬火碱,最原始的方法。1969年的时候开始做盐酸、敌敌畏、氯气、石墨,等等。这样1970年就大批招工,最多的时候四个车间1000多人。

我当时腿有残疾,分配归昂昂溪劳动局,给我分到街道小厂子,我没去。1970年市里中学毕业生全分配,1970年因为扩大生产,大批招人,榆树屯企办中学和25中的、1970届的和以前的都走招工去了,除了化工厂还有乳品厂。全算上去榆树屯化工厂的得有200人左右。

工厂主产氯气钢瓶、酸和碱,碱产品主要供给造纸厂。齐齐哈尔造纸厂主要出产新闻纸。氯气用于净化。

我去了开始是锅炉工,我想去电工,关系没到没去成。去了锅炉学徒,没有培训,直接进厂学徒。开始月工资18块5,一年以后20块,两年后23块,两年半满徒33块,转正一年以后38块6,有毒有害的车间多1块多钱。当年我18岁,我师傅40多岁。企业没有停产过,也从没有欠过职工钱。满徒以后近10年没涨工资,再涨就是改革开放以后,到最后就是效益工资了。

锅炉这里就我一个人。开始是半自动化锅炉,10吨的,包含采暖、蒸汽。上炉是把煤用提升机提到锅炉侧面上面,倒进仓里,仓是漏斗形的,然后煤就进入炉子里去了。抛煤机在炉膛里把煤块扑打到火上,下面的炉排得有20多平方米,三组抛煤机三排炉箅子,每排俩。每天需要人工清炉,用一个长杠杆把炉箅子翘起来,但是不能停炉,把一侧的火停掉,鼓风机停掉,用六分管做成的耙子伸进去推,把煤推到另一侧,之后再用同样的方法处理另一侧,最后把火下面的灰清掉,实现边烧边清炉,一天清三遍,炉子最怕结焦,一旦结焦就用耙子来回清焦。相当累啊,24小时三班倒的,一周一周的,白班的四点班的和零点班的。我家在跟前,我住在家里,同事天天叫醒我去上班。职工也都在家里住,后来才有倒班宿舍。零点班是最困的,年轻时候缺觉啊!我干了14年,生产平稳,也没有太多技术革新。后来司炉和司水就相互帮助,互相帮看炉。开始都是手工的,没有自动报警上水的了,高低水位报警。"七二一"大学以后后期也安装了高低水位报警,我为啥记得呢?是因为"七二一"大学的那些人搞的,在那里实验,用炉子后安装个小气泵,研究仪表改造的一个东西。再后来1980年以后工厂规模扩大了就烧20吨锅炉,全自动的,是链子炉排,自动往后走,火燃尽以后就随着履带掉下去了,再到除渣的池子,用离心除尘机再到水里沉淀,再用铁锹捞出来,这样一个处理过程。

  后来我去了水处理当工段长去了。企业规模扩大以后,我们上了聚氯乙烯项目,老厂旁边的地方建的。除了大庆的30万吨以外,省里没有乙烯了,但是我们是聚氯乙烯,不同于乙烯,主要要有氯,我们就是利用我们的氯产品,上了这个项目。现在看领导还是有想法的,1万吨的聚氯乙烯,企业筹备人员,脱离子车间,我们原来的软化水车间现在在新项目区就是脱离子,是要把离子脱去一半,软化水只有阳离子交换,这里有阳离子、阴离子都出来。党委讨论选我去新项目,我就去了,正好是开车前准备,试车,我就参加了聚氯乙烯的项目。大概是1987年以后,厂子通过市里我们有了20万吨原油指标,就成立了一个炼油厂,最高到4700多人,厂子的规模和级别都升了。厂子就是按照喇嘛甸的设计的,完全用喇嘛甸化工厂的图纸。这时候石墨、敌敌畏、润滑油都没有生产了,主打酸碱,氯气给聚氯乙烯和炼油。我就又去了炼油的锅炉当工段长,这边是烧油的锅炉,1989年成立车间,我就去车间当生产副主任了。当时有五个工段,分别是新盐水、锅炉、控风控压、给排水、污水处理。污水处理用生化法,用生物菌搅拌,然后上面的一层刮膜机刮,用反应池曝气池,用生物降解油类,控风控压管各个反应釜,供给炼油用氮气,炼油的主要产品是汽油、柴油、溶剂油等。

  厂子隶属于齐齐哈尔了,最好的时候曾经是齐齐哈尔第一纳税大户。炼油算是又抓住了时代的机会,到90年代企业大批下岗的时候,我们还是效益很好。

  我们大批的中流砥柱都是齐市化校(齐齐哈尔化工学校)的,大学毕业生不多,有矿业学院的,有哈建工学院的、哈工大的、石油学院的,他们后来都成为高工了。也有学设备的八一农大的,2000年之后多了,之前都是齐齐哈尔化工学校的。聚氯乙烯那儿几乎都没有高校毕业生。但操纵手都是高中生了,老厂区都是初中生。聚氯那儿正赶上昂昂溪的高中生全来了,人员主操纵手都是化校的,哈工大的不久就走了。除了化校生以外也就是齐齐哈尔大学的,其余的进修的不算了。我工作比较累,我同学去"七二一"大学的很多,我们那届比较多,我们1969届是正经的小学毕业生,我记得正规考的,考不上中学可耻,1968年复课也比较简单。化校生和大学生相比的话,正规学校毕业的都不错,但是数量太少了,化校生和大学生相比也就10∶1。而且大批招也是1990年以后。

炼油开工的时候,请了喇嘛甸的一个车间主任,按照人才引进的,但是这个人协调和总体能力不强,第一次试车没有成功。后来请了一个牡丹江炼油厂的总工,给副厂长和总工,全面协调能力比较强,开车成功了。工厂最辉煌的时候是2000—2003年,后来效益不好,主要是这几个原因:第一,我们实际规模能到60万吨,为了维持报了100万吨,到2004年又持续投资,等于为了规模持续投资,造成资金紧张。第二,运费高,成本高,大庆的油,再运输,盐矿原料是内蒙古运来的。第三,化工行业每次停工检修消耗油量都很大。第四,产品销售上,南方的厂子需求量大,四平上的聚氯乙烯截住了我们的市场,运费比我们低啊!成本高价格低,夺市场就得降价。资金链一断就彻底不行了,精简职工以后我就回家了,没法跟人家化校生竞争啊!但是我孩子接了我的班,我姑娘考试进了我们厂。但是自己厂的子女进厂没给全额工薪。

我身体不好,切除了两个肺叶。1996年单位例行体检的时候发现占位,按照癌症做的,大开胸做的手术。人的肺叶是左二右三,共五叶。后来发现是结核性囊肿,切除下来以后当面打开看是黄脓,现在除了气短没有什么事。我刚上班那时候抽烟,到炼油以后单位不让抽烟,我就戒烟了。最早1969年我有过结核性胸膜炎,但是治好了没事。不知道和工作有没有什么关系,我吃饭从来不挑食,也比较有规律。锅炉工那会儿坐了点儿胃病,吃完就睡消化就不好,十二指肠溃疡。硬养养好的,预备点儿槽子糕,家里冷,槽子糕好在不上冻,就喝热水,一两年以后就慢慢好了。

工厂最早名字叫榆树屯化工厂,后来叫齐齐哈尔什么厂我忘了。时间不长,1989年以后就叫齐齐哈尔化工总厂了。效益最好的时候,职工通勤车有21台黄海大客车。老厂子,聚氯乙烯和炼油项目都挨着,都在榆树屯那儿。离得不远,因为供氯、供水蒸汽管网都在一起,不能太远。现在中国化工炼化收购了炼油,氯碱收了聚氯乙烯。设备跟债务走。聚氯乙烯时好时坏,始终生产，设备也更新了，追加了投资。还是国字头的企业，但是盈亏平衡。

我做车间管理的时候，化工技术成熟，生产运行就可以，只要是按照操作规程就行。人员管理就看领导水平了，工人的自律和自觉性不是太要紧，就是靠严格管理了。除了正常的以外就是劳动纪律，化工企业特点是没事，值守性强，有一句话叫"左开右闭，没事扫地"，只要你认真巡检就可以。职工违纪也就是脱岗睡觉抽烟啥的，大的事故有两个，聚氯乙烯试车时候反应釜爆炸了，没有人员伤亡，巡检的刚下来。室内没有人的。不知道什么原因。另一次是炼油分厂烧伤一个人，这个是人为的操作规程问题。总体来说还不错的，毕竟是高危行业啊！

企业的环境污染很厉害，氯碱用水银电解法，水银电解车间拆迁改造都在土壤里找水银，回收汞，土地污染厉害。企办的小学、中学、卫生所，卫生所最多的时候20多个大夫呢。我是1978年结的婚，是响应晚婚政策。工厂的女职工也有，但不多。收入差距小的时代，同事关系相处相对简单一些。把工作干好，别出事故，就没有想别的，评工资也是比较认真的，后期比较照顾一些一直没涨的。现在社会物质条件好了，但竞争压力也大了。

2017年7月23日于齐齐哈尔市建华区

企业介绍

齐齐哈尔榆树屯化工厂：后改名齐齐哈尔化工总厂。1948年建厂，曾是黑龙江省规模最大的氯碱化工基地，为促进地方经济的发展做出了突出贡献。

38

常　福

没戴过铝盔的泥瓦匠

人物介绍

常福，1949年生，大庆油田会战引嫩工程民工。

1967年开始我就是成年劳动力了，参加生产队建设、一线建设，除了种地之外还有工程。刚上一线的时候，我就学瓦匠了，学瓦匠是自愿的，在兴隆镇，生产队给开证明，去工程队学瓦匠，一般还开不出证明呢。我属于父母去世早，1971年我母亲去世，我就自己一个人（所以能开证明去）。瓦匠学了好几年，在兴隆镇，属于巴彦第二建筑公司，学徒一天1块6毛4，同小工一样。小工也分工种，和灰的就我这样，整砖的给1块9毛6，有点儿区别。大工属于师傅一级了。学徒了大约2年时间，县里有工程就都跟着去。

干活儿很费鞋，得需要自带针线。生活用品啊，抽的烟有小卖店，烟酒都有，买的时候不用票。

平常6点收工，晚上没事，大伙儿聊天，文艺节目，有演出，搭台子，时间不一定。团里自己组织的节目，说唱的，二人转，团部有时候召开文艺晚会，别的团也有，去别的团也不远。

编者絮语

说大庆油田建设举全国之力并不为过。除了来自玉门油田、石油系统、大专院校的技术人员和石油工人，地面基础工程建设却是一个常常被忽略的方面。但是被征调的农民工、解放军指战员却是几近无偿地参与了建设。据文献资料记载，"1972年至1975年三年间，仅引嫩工程一项就从黑龙江的松花江、嫩江、绥化三个地区，34个县，38个国营农场等征调四万余人，完成土方量2560万立方米"。其中的农民工，他们不但自备行李鞋袜，自产副食，而且只是结算了各自原来生产队的工分。

访谈内容

吴冠男 您是哪年出生的？您家是做什么的？

常　福 我是1949年的春天出生在巴彦县西集镇山前村，家里种地。

吴冠男 1949年你们生活条件怎么样？

常　福 1949年已经解放了，我们小时候7岁上学，到五年级不念了，给合作社出工，种地，干农活儿，兴修水利，搞副业。

吴冠男 在哪里出这些工？

常　福 给生产队干活儿都是在本村，包工去别的地方，主要是建厂，哈尔滨汽轮机厂、伟建厂建厂。

吴冠男 工厂不是也从农村招工吗？

常　福 招工是招工，进城当工人，不是一回事。我们是短期工。

吴冠男 这些工厂来招工怎么选人？

常　福 各个工厂要名额，分名额，比如哈尔滨汽轮机厂要名额，要3个，然后大队推荐，就算进城了。

吴冠男 出民工还做过什么？

常　福 在跟前儿山里伐木头，去了几个月。那时候森林刚开采，木头有的是，一个村去二三十人。10分一个工，伐木头也都是算工分。开始我年龄小，做些简单的，人家身强力壮的，18岁往上的才下地，属于一线，我十二三岁属于二线。我给公社放羊也放了几个月，然后有一天一个社员说，你不用放羊了，12只羊都被狼叼（咬死）了。后来放马。和我一起长大的一二十个，有一直念书的，考初中的能有两三个。初中去城里念书，念书也不贵，一年几元钱，我那岁数的时候考大学都是推荐去的（工农兵大学生），有去哈工大的，一个大队就一个名额。

▶ **工农兵大学生**：1966年，高校停止招生，1970年高等学校恢复招生，但是仅仅从工人、农民、解放军指战员中选拔学生，到学校学几年后再回到生产实践中去。大学新生直接从工人、农民和士兵中推荐产生，而不是通过高考。报名者必须当过三年以上工人、农民或士兵，被称做工农兵大学生。

吴冠男 您去大庆（油田引嫩工程）干活儿是什么时候？

常　福 大约1973年，好像卧里屯、龙凤东边。1967年开始我就是成年劳动力了，参加生产队建设、一线建设，除了种地之外还有工程。刚上一线的时候，我就学瓦匠了，学瓦匠是自愿的，在兴隆镇，生产队给开证明。去工程队学瓦匠，一般还开不出证明呢。我属于父母去世早，1971年我母亲去世，我就自己一个人（所以能开证明去）。瓦匠学了好几年，在兴隆镇，属于巴彦第二建筑公司，学徒一天1块6毛4，同小工一样。小工也分工种，和灰的就我这样，整砖的给1块9毛6，有点儿区别。大工属于师傅一级了。学徒了大约2年时间，县里有工程就都跟着去。

吴冠男　怎么学徒？

常　福　师傅是大瓦匠，带着，我们跟着大瓦匠，砌墙，带着干。

吴冠男　公司除了干活儿之外，没有什么待遇？

常　福　没有啥待遇，顶多发个工作服。

吴冠男　都有什么工程？

常　福　建厂房，学校，家属房，铁路，土建都有。

吴冠男　出徒以后呢？

常　福　我是户口农村，不属于兴隆镇建筑公司正式职工，后来我就回西集去了。不久，大庆以省里名义在松花江地区招工，省建筑公司从生产队要人，每个生产队10多个人。我们属于基干民兵，如果家里在，是家里主要劳动力的都没有条件出去，我是一个人，报名就去了。

▶ 基干民兵：就是在基层工作的，以其为基础和骨干的民兵。基干民兵相当于组织中的骨干、部队里的班长。我国的民兵分为基干民兵和普通民兵。28岁以下退出现役的士兵和经过军事训练的人员，以及选定参加军事训练的人员编入基干民兵组织。其余18~35岁任命服兵役条件的男性公民，编入普通民兵组织。

吴冠男　当时知道去大庆吗？什么条件能去？

常　福　当时知道上大庆去，10多个人，没有技术也能去，身体好就可以。

吴冠男　有没有说工钱？

常　福　还是按照工分，家里的生产队给记工分。

吴冠男　怎么走的呢？

常　福　走的时候带行李、餐具，生产队也没有发东西。走的时候是春天，从巴彦坐汽车，解放汽车，坐在车斗里，一车人都20多岁，坐了四五个小时。大荒甸子一马平川，真敞亮，没有人，也没有坡，到卧里屯，房子也没有，一色的棉帐篷，自己搭，得有几万人。红旗招展的，广播喇叭广播员都有，一男一女，播送好人好事，星期天还播节目。我们民兵团长叫李忠义，是巴彦代表，排长叫于校思，连长是——我这脑袋现在也不好使——武红生！西集镇武装部的，我们都跟部队编制一样，军事化的。工程抢任务，没有女的，做饭的也都是男的。

吴冠男 伙食怎么样？

常 福 每天吃馒头，高粱米饭，大楂粥，还行，挺好，伙食比生产队好。出力的活儿，得好，菜里有油，过节的时候分面，包饺子吃。

吴冠男 菜都有什么？

常 福 春天豆腐，豆芽汤，夏天有青菜了，豆角，茄子。附近有做豆腐的就往过送。

吴冠男 有肉吗？

常 福 平常没有，过节的时候有，我们连队还养了几头猪。

吴冠男 经常加班吗？

常 福 不经常加班，如果别的工段进度快，坝坡拉不齐，推土机没法碾压，慢的工段就需要加班。加班晚上6点吃饭，吃完干到晚上十一二点，属于加半个工。

吴冠男 一天几顿饭？

常 福 一般三顿，有时候四顿。早上6点出工，吹号出工，晚上6点驻工。就这么修水库，把嫩江水引到大庆。

吴冠男 你们干工程喝什么水啊？

常 福 打的井，自己打的，压井，水碱性大，打50米深，打到沙层，水自己就上来了，蓄水，然后吃水的时候压就行。

吴冠男 你们土建工程有多少机械？

常 福 可不多，我们一个团才有一个东方红拖拉机推土。冬天施工用雷管，刚开化的时候整不动，在地上挖个眼，然后放药。放炮都是6点以后，下班以后，专门有技术员放炮，放炮的炮眼，一米多远一个，用火线，这边一按电钮，一起几十米。我们白天挖土方，挑土，上面机械碾压，护坡用石头，用铁网拦住，修大坝，4米多高的，作业面积估计方圆得有10里地。一个县承包一段，一个县一个大队，一个大队三四千人，一个县承包的工段得有三四里地长，平地，土地。

吴冠男 当地有石头吗？

常 福 没有石头，那地方碱度大。那时候生产落后，用大锤在别的地方采石，用汽车、火车运到龙凤，再用汽车运，都是青石。

吴冠男 附近有农民吗？

常 福 当地还有屯子，在外边，有10来户。屯子人是原来的放牧的牧民，不是油田的，他们盖的是板夹泥的房子。

吴冠男 野外生活条件怎样？

常　福　有一种小飞虫，比蚊子还小，咬人那才疼呢，咬了身上起包。大白天的时候没有，日头落了以后有。

吴冠男　有电吗？

常　福　有，电灯，拉的电灯。一个团一个大型发电机发电，发电机给照明，宿舍都有电。

吴冠男　你们修的大坝有多宽？

常　福　得有 20 米宽，梯形，上面往回收（上面变窄），就在水坝里面取土，就是黄土，就挖几米深。

吴冠男　不能挖出水吗？

常　福　不能，挖不出水，也就 1~2 米深，往远了开呗，坝里咋挖都没事。

吴冠男　感觉累吗？

常　福　相当累了。都是清一色土篮子，拖拉机碾压，一般 12 小时。有时候为了赶着完成任务，就要加班，别的工段起来了，得要求一平啊，所以就得加班。晚上 6 点吃饭，加半个工。

吴冠男　有文艺节目吗？娱乐活动都有什么？

常　福　平常 6 点收工，晚上没事，大伙儿聊天，文艺节目，有演出，搭台子，时间不一定。团里自己组织的节目，说唱的，二人转，团部有时候召开文艺晚会，别的团也有，去别的团也不远。

吴冠男　有没有劳保？

常　福　没有，干活儿很费鞋，得需要自带针线。生活用品啊，抽的烟有小卖店，烟酒都有，买的时候不用票。

吴冠男　一个帐篷住多少人？

常　福　一个帐篷里住 40~50 人，通铺，南北铺，取暖烧原油。原油炉子是油桶改装的，有个炉筒子（烟囱），挺长，一个帐篷，有两个炉子，外边土坑装原油，烧原油有味道，原油可爱着火了。

吴冠男　怎么引火啊？

常　福　值班的管，晚上有值班的，整一块，用火一点就着了。烧的呼呼的，喝水烧水，炉子用黄泥套上，扛烧，里面黄泥套得挺厚，黄土泥的越烧越硬，要不就容易着火。值班的管安全。

吴冠男　有丢东西吗？

常　福　没有，啥也没有偷啥啊！

吴冠男　去的时候说什么时候回来了吗？

常　　福　说了，说是不超过 6 个月，我们活儿也干完了，交工了。土方的活儿，后面的石头活儿就不知道哪儿的去了。

吴冠男　你们交工以后是怎么回的家？

常　　福　回家是坐车坐到哈尔滨，然后坐船，客船到巴彦港，再回家。那时候松花江通航船，通到佳木斯呢。

吴冠男　后来去过哪里干活儿？

常　　福　1976 年或者 1977 年去通河林业局，凤山，小火车，盖家属房，跟巴彦建筑公司去的。绥滨我也去过，都是瓦匠活儿。兴隆镇水泥厂，化肥厂，绥滨造纸厂，都干过，后来就给工资了，1 块 9 毛 6 一天。这时候我都已经有孩子了。再后来，去哈尔滨干活儿，去香坊，建哈尔滨热电厂，跟着省建筑公司五处，盖哈尔滨公滨小学，黑龙江省检察院的房子我也盖过。

2017 年 1 月 11 日于哈尔滨市南岗区

39

王思钧

一代石油人，
难以复制的丰功伟绩

人物介绍

王思钧，1934年生，1958年毕业于北京石油学院，原大庆油田副总设计师兼油田设计院总规划设计师。曾获得国家科技进步特等奖，国家工程设计计算机软件二等奖，石油天然气总公司科技进步一等奖，国家级优秀工程设计奖，铁人科技成就奖铜奖，有突出贡献的中青年科技专家。

1961年我参加成套设备订货会，在北京一个月，赶上粮食困难，我开始浮肿。原来新疆的老同志说："你到大庆胖多了，吃啥好东西了？"

《光明日报》，大庆的报纸都采访过我，我得过劳动模范，十大标兵，知识分子只有我一个，全国的优秀科技工作者，五一劳动奖章，突出贡献中青年专家，国务院政府特殊津贴。单位和组织还是很重视我的，我是一个很平淡的人，老老实实做好自己的工作吧！

每年年底和年初最辛苦，每年开始的规划，我从1970年"四五"规划开始，五年规划，还有每年规划都参与，规划要到石油部汇报，每年都是过了年，可是过年就过不好，是过了年才来汇报嘛！我作为总工还要跟实验，看科研的形势和进展，有什么问题要解决。

编者絮语

学者风范和专家气质是大庆油田地面工程总工程师王思钧给我的第一印象。热情豪爽的西北汉子，操着浓重的口音给我讲述他的故事，而他对油田建设所做的技术贡献已被他单独整理和编著。

访谈内容

吴冠男 王总,您好,大庆油田作为世界石油开发奇迹,为中国的工业建设书写了辉煌的历史,您作为大庆油田建设的亲历者,给我们讲讲您经历的石油故事。

王思钧 好,我 1934 年出生在甘肃渭源县会川镇,我 1941 年上小学,学习成绩非常好,毕业时候保送会川初中,但我选择了更有名气的甘肃临洮中学。初中以后,家里经商日益困难,转为以农为主。1951 年初中毕业,我考入高中,在学校积极参加学生活动,以及一些社会运动,比如西北学联的夏令营,等等。1954 年我参加全国统一高考,报志愿时我认为国家建设需要矿藏开采的人才,如愿考入了西北工学院石油系采油专业。我读二年级以后全国院系调整,1956 年开始我到北京石油学院继续读大三,1958 年我和几个同学被分配到了石油部新疆设计院。我到新疆设计过独山子炼油厂的卸油栈桥,那时候完全是通过工作学习设计,增强了我工作的信心。最后一年我搞油田注水,1961 年大庆油田试验区注水开工,把我们五个人,有工艺的、电的、供水(专业)的,借到大庆来,借了半年就不还了,又调来一部分人,到萨尔图设计院给排水室。当时住在干打垒房子里,来参加会战的人越来越多,经常晚上有铺无床。克拉玛依风大,这里是雨大,我们每人的铺前就是一个图板,坐床上画图,食堂没有餐厅,也在绘图板上吃饭。第一个工作就是设计中一注水站,油田注水以前用柴油机,管理维护工作量大,成本高,安全性也不好,老的中一注水站被一场火灾烧毁。我主持的重建工程改柴油机为电机,是油田注水史上的一大进步。1961 年我参加成套设备订货会,在北京一个月,赶上粮食困难,我开始浮肿。原来新疆的老同志说:"你到大庆胖多了,吃啥好东西了?"哈哈——

▶ 干打垒:北方农村特有的一种简易筑墙盖房方法,在两块木板中间填入草和土,是在大庆油田的建设初期广泛采用的建筑方法。

后来第五设计院成立总体规划室。我们是搞地面工程的,油田开发先是油藏、打井,油出来后要处理、分离,等等,就是我们地面工程的,包括输送处理、供水电,甚至矿区建设。我这一辈子从这开始,基本就进入了总体规划里了,开始是注水规划,后来就包含八大系统的规划,有油气储运、注水、供排水、供电、通信、机修、矿区建设。我一直在第五设计院改的油田建设设计研究院的总体规划室担任组长、副主任。我们做设计,定工艺,布局,大小站,井口出来后的站、电站、水源建设,后来石化乙烯上来以后给供原料，原油的轻的部分容易挥发，碳 5 以上先拔出来。通过参加现场施工，我对设计问题有了更多的体会，工作条件艰苦，经常大雨，蚊虫，泥水满身。

70 年代中期，油气处理轻烃回收的前期工作，我们行程 2 万多公里，取样 400 多个，取得数据 1 万多个，查明大庆 5000 万吨油气中可收乙烯资源含量 150 万吨，为乙烯工程提供了数据基础，是我们技术难度最大、取样最多的基础工作。1978 年，为了提升技术，与外商开始谈判，有壳牌等，目的是想把英美的地面技术学到手。我们出了个点子，我们画出二三十平方公里，让他们做方案，然后让他们做、讲。从这个过程中学习了技术思路，最后定了一块让他们白克托公司做。后来，艾克森就让我们赶快转成机械采油，之前还是自喷的。我们一起搞了联合设计，按照设计做了一部分，按照这个方案提供乙烯原料。1979 年 1 月中美建交，2 月我们就去了，大使馆对我们很好。回来之后我的总体设计思路形成，在大庆年产 30 万吨乙烯原料工程总体设计中，包含油气全密闭集输、原油稳定、油田气处理、降低损耗、回收轻烃、出净化原油、缓和轻烃及干气等多种产品，为大型石化装置提供充足优质原料，这个思路的地面技术基本和国际接轨了。1992 年，我去局里做副总工程师，最后搞三次采油。最后一年我在管理局咨询中心，也开展了几次大型的咨询活动，1998 年退了休。

吴冠男　退休以后，还参与工作吗？

王思钧　由于之前一直我在做规划，所以应设计院的要求，还继续帮助搞，天然气的处理，加工，采暖系统可行性，油改煤，等等，技术改造，参与方案评审，科研立题，项目鉴定验收等工作，我们成立专家组。后来编写了一些开发志，省志工业卷，写了油田地面工程技术发展史，一直到 2013 年，我腰椎不好，真的退下来了。

吴冠男　退休以后又做了 15 年啊？

王思钧　是的。

吴冠男　以前有没有人采访过您？

王思钧　《光明日报》，大庆的报纸都采访过我，我得过劳动模范，十大标兵，知识分子只有我一个，全国的优秀科技工作者，五一劳动奖章，突出贡献中青年专家，国务院政府特殊津贴。单位和组织还是很重视我的，我是一个很平淡的人，老老实实做好自己的工作吧！

吴冠男　你们真的是做出了巨大的贡献，尤其是那么早就离开家乡，从西北来到东北这么遥远的地方，很不容易。

王思钧　对，石油工业最早就是西北。

吴冠男 您来大庆的时候，其他油田是个什么状态？

王思钧 我最早到克拉玛依，那是井网，苏联给做的设计，地面我们自己搞的。玉门是 1949 年以前开发的，中华人民共和国成立后，完整开发的就是克拉玛依了。

吴冠男 您印象中来大庆的这些技术人员和工人多数是从哪里来的？

王思钧 玉门来的多，四川的也多，钻井设备是从玉门、克拉玛依运来的。20 世纪 30 年代开发的玉门油田，设备很多是美国的。

吴冠男 你们来的时候是有信心还是不知道什么情况？

王思钧 我们来的时候已经探明了，萨尔图、杏树岗已经开发了，喇嘛甸还没有开发。第一批地质原油已经运出去了，但是地面工程的系统还没有形成。

吴冠男 还没有形成是什么样？

王思钧 简单分离，火车运出，1971 年才上管道。天然气自己消耗掉了，后来原油管道外出了，天然气做化肥原料，我们分轻烃，注水以后才出来，一天 300 万方的，处理后还要注进去的。乙烯以前是开口流程，轻的都挥发了，污染环境的，后来全密闭了，田上见不到油气的，流程密闭的改造，不密闭，轻烃也收不回来的。

吴冠男 也是增加了新产品。

王思钧 对，脱水，脱烃，污水脱油，有油、气、烃、水四种产品。

吴冠男 您刚毕业时，是有师傅带着教还是自己独立？

王思钧 我们参加项目，师傅给带着画施工图，我们也搞些科研的，我们试着搞了同井回注，等等，把泵装在井筒里，污水处理实验，流程密闭实验。后来，在大庆，我们开始用水，但不够稠度，后来加了稠度，增加了推动力，大量的实验增加了产量。

吴冠男 实验中有失败的案例吗？

王思钧 有的是，开始注水，采油单位反映说，注不进去水。我说是按照标准数据啊，全油田都是 120 公斤的，我就奇怪，我是学采油的，我知道注水井多大、水压多大，我就去大队看了。我查了三个采油厂的，一个一个地记，画了曲线，我发现差别很大，南北差别，里外差别。各个地区我就分别标注，比如有的 80 公斤就可以，有的 120 公斤也进不去，过渡带困难，北面好一些，我就在技术会上挂出了这个图，各位领导都很欣赏。宋指挥说，你们每个单位都要挂出来，重新调整。还有一次，聚丙烯溶解到了指标注水混合方案，注进去原油含水了以后，脱水就困难了。第一次，局长不同意我的方案，单井成本300万元，共八九亿元。我回来后，把大型工程投资往下压，脱水站要重新建，我就花一个月的时间，看老脱水器的适应性，看脱水和浓度的关系，后来我发现只要不超过110公斤，是可以使用老脱水器的。根据这个情况，我就用老脱水站，取消了八座新建计划，省了七八亿元，前面工艺也是，上游沉降时间加长、提前脱水的方法降低成本300万~160万元，成功地解决了这个方案。

吴冠男　那么说您既要懂工艺又要懂设备，还要考虑投资成本？

王思钧　我在站里待了一个多月，需要拿到每个数据，亲自看。拿出大方案，方向，怎么改。

吴冠男　你们的工作什么时候最辛苦？

王思钧　每年年底和年初最辛苦，每年开始的规划，我从1970年"四五"规划开始，五年规划，还有每年规划都参与，规划要到石油部汇报，每年都是过了年，可是过年就过不好，是过了年才来汇报嘛！我作为总工还要跟实验，看科研的形势和进展，有什么问题要解决。

吴冠男　一提到大庆，我们总是能想起工人的力量、勇气、精神，但是描述知识分子所起的作用和贡献的却不多。

王思钧　我们老同事后来编了一本，书名叫《大脚印》，描述我们技术人员作用的。这是上册，下册还没写完。

吴冠男　你们写作可是很累的。

王思钧　我写《油田开发志》，逼着我学会了电脑打字啊！

吴冠男　您来大庆的时候什么心情？

王思钧　形势很紧张，我路过兰州，离我家很近也就四个小时，三年了都没有回家，就来了。像打仗一样，来了就画图，钻井队也是来了位置就定好了。户口都没有带来，粮票都没有。

吴冠男　您工作的精神信念是什么？

王思钧　我能够到大油田工作，有大项目，能够发挥作用，实现自己的价值。

吴冠男　上学时候学的东西和后来工作什么关系？

王思钧　远远不够，完全在实践中学习，我们学的和发展对不上。我学的采油，我们采油专业太杂，从开发到工艺到工程，专业学习才一年多，老师讲不了这么多。我毕业设计是压裂，就是美国现在的页岩气开发用的，但是我出来干的是地面工程，只在一个学期的油田业务中涉及，而且新的技术出现了，工艺改变，课本上没有。

吴冠男　您怎么学习新的技术？

王思钧　通过科研在实践中不断学习，有实践需要做导向，是最好的学习方式。比如，在萨尔图需要使用离心泵，就和泵厂一起做实验，研究改工艺、改材料，从而增加了经验。大庆的油特殊，常温固态，最早的流程是萨尔图流程，一排井串联，后来油井自喷能力下降了，就改流程，用几种加热的办法。我在二厂、四厂实验，改进加热技术，后来全油田开讨论会，讨论我的方案。局长问我，你敢不敢立军令状，五年不做大的改造？我说我敢，因为我做过五个井的实验，有第一手资料。后来全油田推广了这个新技术。

吴冠男　大庆油田的管理系统，在那个时代政企合一，这种您觉得好不好？

王思钧　正常不应该管的，开始只是安达市，没有大庆市，安达市管不了，你不盖房子职工怎么办啊，企业形成过程里没办法的事，现在教育、物业也分出去。油价降了以后管理成本太高了，必须分出去。

吴冠男　您事业上有没有尚未实现的抱负？

王思钧　没有。我们作为技术人员是很受重视的，因为技术需要，关键技术是知识分子起主要作用的，难关要攻克的。

吴冠男　您作为劳动模范，你接触的劳动模范什么样？

王思钧　我30次劳模（颁奖）就去一次，五一劳动奖章是送到我这里的，我也不去参加活动。新铁人都是知识分子啊！

吴冠男　会战模式之下，单位之间往来是要核算的吗？

王思钧　是，都核算，一旦成立独立单位以后都是核算的。

吴冠男　我一直不理解，会战的本质究竟是什么？

王思钧　虽然地质勘探了，但在弄明白之前不能大规模投入开发，所以玉门的石油队伍来试试，新疆的石油队伍再来试试，不行就回去。总之，因为前景难料，只有先借来人和设备等，等出油了，才成建制。好了可以扩大规模，不好还可以回到原来的单位去。这是会战。

吴冠男　能谈谈您的工作经验吗？

王思钧　油田建设地面工程规划必须与科研部署一体化，要有远见的规划科研课题，确定攻关内容，部署现场实验，抓好科研在地面规划中的应用推广。油田与市政建设的界限也要清楚。

吴冠男　基础工作完成以后，工作量是不是小很多？

王思钧　也不是，情况比较复杂。最开始钻井比较多，开发的时候，一套井一片，几套井同时打，工作量也不小，要的钻井队也多。后来二次采油又是一套井，现在三次采油注聚合物又是一套井，虽然三次采油加密井数量少一些，但配套工作量也不少。

吴冠男 刚开始您月工资多少？

王思钧 克拉玛依是110元，几类地区我忘了，60年代后期我升工程师，工资到了170多元钱，现在我们退休金比市政低了。以前管局好些，市政系统形成以后好多了。

吴冠男 80年代以前你们家庭条件如何？

王思钧 一间房子，中间有墙，做饭开始用天然气，冬天没有了，就用煤，还烧过轻烃，那个很危险的。

吴冠男 从西北来东北生活习惯吗？

王思钧 我在新疆没挨过饿，吃过黄羊肉，挨饿就是来大庆以后，很少吃肉的。

吴冠男 大庆环境污染都有什么？

王思钧 因为我是环境所的第一任所长，我们也调研过，从流程上看就是污水、泥浆、土油池的油，流程密闭，天然气燃烧完是二氧化碳啊，温室气体嘛，后来放空，后来火炬也取消了。污水回注了，我们测过，松花江水排放口，空气比大城市好多了。

吴冠男 我听说您刚做完手术？

王思钧 是的。

吴冠男 请您保重身体，感谢您接受我的采访。

2017年5月10日于大庆市萨尔图区

企业介绍

大庆油田：1959年发现的大庆油田完全是依靠中国自己的力量开发建设的、迄今为止中国最大的油田。大庆油田自1960年开发建设，被誉为"世界石油开发史的奇迹"。1960年3月开始，石油系统37个厂矿、院校组织人员自带设备，国务院一些部门人员、当年退伍的解放军战士和转业军官，4万多人组成石油大军进入东北松嫩平原，展开了石油大会战。大庆油田不仅57年稳产高产，而且创造了工业学大庆、铁人王进喜等工业精神，涌现了新铁人王启民、李新民等一批先进模范工业人。

39

王思钧

一代石油人，难以复制的丰功伟绩

40

杨程生　孙延飞
回不去的青春和回不去的故乡

人物介绍

杨程生、孙延飞，原东北黄金地质勘探公司第二勘探队地质工程师。

找机会，看杂志，在现实中学习，还有参观去学习，地质勘探之后要描述，岩石啊，等等，描述中就千变万化了。地质难在研矿，是什么成分，书上写的和野外的不一样，在外面风吹雨打变化了，研矿井也有。课程里面讲的不一定太细，实践中更加细致，今天找矿方法也在改变。

我们年年有大学生。毕业了有钻研的，有提高的，有爱学的，找老同志提高。野外的东西和书上的不一样，了解得可能更细，实践的东西书本上没有。

我福建龙岩的，我就不回去了，我不太喜欢大城市。

编者絮语

人员越是来自五湖四海的，单位组织的协调功能就要更强一些。在基层产业单位，除了工艺规程之外，组织功能不可被低估。

以下文本根据叙述者语言习惯，将东北黄金地质勘探公司第二勘探队简称为七〇二队。

访谈内容

吴冠男　老先生，你们好！你们是大学毕业来到七〇二队的吗？

杨程生　1962年我大学毕业到鞍钢，1965年3月来七〇二队。我们是辽宁四〇六队整体调过来的，鞍钢系统的地质队力量雄厚，支援边疆，都是冶金系统的，和在穆棱县留下一部分人合并叫黄金二队，还有柴河地质队也有一部分，来了牡丹江，我们一起组成了七〇二队。七〇二队的人有80%来自鞍钢。

吴冠男 黄金也是我们勘探的范围吗？

杨程生 对的，还有铁、铬。最开始在鞍钢搞黑色，后来1965—1968年搞黄金、有色金属，1969年以后搞铁，鸡西铁矿，按照国家任务要求找。后来找铜，因为这些比较好找。

吴冠男 你们作为知识分子分析人员也经常出野外吗？

杨程生 对啊，大队下面再分分队，一个分队70~100人，根据任务大小。

吴冠男 出野外机械化程度高吗？

杨程生 那时候没有那么机械化。

吴冠男 出野外一般多久？

孙延飞 4~6个月。局里有地质处，批了多少工作量就要完成，一年多少米。地表看不出来的就挖沟，我们叫槽。一般看原来有矿点，再扩大，有些没有，通过排查普查。

吴冠男 出野外后勤补给怎么完成？

杨程生 有专门的管理员，炊事员，吃喝拉撒睡一整套。

吴冠男 工资怎么算呢？

杨程生 基本工资和野外补助两部分。

吴冠男 一般是工人技术员都有？

孙延飞 出去都一样，看工程量。野外是分几部分，地质的，钻探的，地质的出了矿点之后，钻探的具体施工。首先是行测，探测异常以后，地质工程人员去一个个落实，地质工程师确定详查，确定探眼，看有没有，有什么、多少预测看能不能建矿。我们普查，找矿，完了化验分析，再详查，再确定矿眼，工程的再去打眼。大队过去是按照流程确定分队。

吴冠男 出野外多的时候家庭怎么办？

杨程生 有的工种是出野外半年，回家可以歇半年，但我们不行，我们回来还有内业，化验，等等。我们不能回就轮流回家，钻探的和我们就不一样。

吴冠男 技术员和工人之间分工关系是怎样的？

杨程生 没啥关系，各有分工，自己干自己的，地质工程师有自己的工作任务。

吴冠男 如何组织实施？

杨程生 项目负责人负责，工程技术人员回来整理内业，钻探工人就没事了。有负责人指挥。

吴冠男 项目主管一般几个人？

杨程生　两个人，下面还有专业组长。

吴冠男　倒班还是白班？

孙延飞　钻探是三班，我们是白天。野外的晚上整理内业，回来后，做总结给明年打基础，看进展，搞设计，审查如果通不过就算了。

吴冠男　设备技术改进多吗？

杨程生　不太多，也就是维修。每年大队的设计拿到主管部门去审批。

吴冠男　哪个矿是咱们七〇二队探的还在开采的？

杨程生　咱们自己发现的两个，鸡西钼矿，绥阳的铜矿，其余是原来有矿点的，东方红的铜矿不太成形，没有国家开采的价值。大矿国家就收取了，小矿给地方了。

吴冠男　学校学习的东西有多大用处？

杨程生　学校的东西占 25% 吧。

吴冠男　你们有机会继续学习吗？

杨程生　找机会，看杂志，在现实中学习，还有参观去学习，地质勘探之后要描述，岩石啊，等等，描述中就千变万化了。地质难在研矿，是什么成分，书上写的和野外的不一样，在外面风吹雨打变化了，研矿井也有。课程里面讲的不一定太细，实践中更加细致，今天找矿方法也在改变。

吴冠男　用什么样的方式学习提高？一般如何吸引知识分子？

杨程生　我们年年有大学生。毕业了有钻研的，有提高的，有爱学的，找老同志提高。野外的东西和书上的不一样，了解得可能更细，实践的东西书本上没有。

吴冠男　毕业生刚来有老师傅带吗？

杨程生　组长带。

吴冠男　您是一直都在地质？

杨程生　我退休以后批的高工，我是内退了，后来返聘的。

吴冠男　您是哪里人？我听您的口音不是北方口音。

杨程生　福建龙岩的，我就不回去了，我不太喜欢大城市。

2016 年 8 月 13 日于牡丹江市爱民区

41

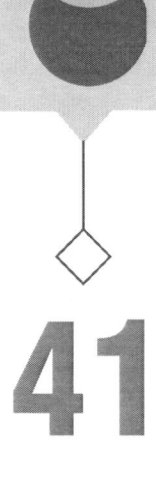

吴明显

工业的本质是组织，编织了我的职业生涯

人物介绍

吴明显,原东北黄金地质勘探公司第二勘探队书记。

对地质队来说,地质的是先行的、主要的,我们都是去矿区,物探化探的,普查的都是最累的。大队住好一点儿,分队就是林业系统什么的点借住一下,住老百姓家,搭帐篷,等等。分几类地区,野外津贴都不一样。

有些经验也要结合实际情况,有些就是告诉你,你也不能真正理解。工程技术人员写总结的少,行政的多一些,还有回忆录征集的,等等。

访谈内容

吴明显　我是1949年以前(参加工作)的,1931年出生。最早在营口银行系统,在鲅鱼圈,熊岳,1950年成立银行我去那里,初中毕业去的,团委、工会、劳资科,一直做政工。

吴冠男　50—60年代工厂中的领导工作好不好做?

吴明显　那时代就是精神,干群关系还是好一些。

吴冠男　工资差别大不大?

吴明显　基本工资都一样,补贴按照类别,大学58块,大专51块,中专33块,工人39块7毛8,二级46块5毛5,三级54块4毛7。工程技术的不一样,这是工资改革以前。

吴冠男　工资增长频繁吗?

吴明显　我工作10年没涨工资,到1977年我才涨。技术负责现在叫项目负责,工资上没待遇,现在分队长正科级,那时候就是分队长也没有正科级。

吴冠男　野外作业适合年龄是多大?

吴明显　退休前根据身体状况,地质的人老了就不去了,年轻的要去。但是老的有问题要去,有时候也要返聘。

吴冠男　为什么？年轻工程师欠缺在哪儿？

吴明显　主要是经验，有些经验还要适合新方法。

吴冠男　地质工种如何通信呢？

吴明显　物探（物理探矿）的测点，要对讲机，化探的，我们地质的打成网了，采样，和物探还要吻合，回来还要化验。

吴冠男　最困难的任务是什么？

吴明显　对地质队来说，地质的是先行的、主要的，我们都是去矿区，物探化探的，普查的都是最累的。

吴冠男　你们来的时候是住在什么地方？

吴明显　大队住好一点儿，分队就是林业系统什么的点借住一下，住老百姓家，搭帐篷，等等。分几类地区，野外津贴都不一样。

吴冠男　退休以后有没有回老家的？

吴明显　回去的也有，没离开的也不少，还有被其他地方聘用的。

吴冠男　有些经验是不是可以写下来？

吴明显　有些经验也要结合实际情况，有些就是告诉你，你也不能真正理解。工程技术人员写总结的少，行政的多一些，还有回忆录征集的，等等。

吴冠男　在老企业作业过程中的不同分工工种之间关系怎样？

吴明显　规程、制度定好以后一切各司其职，没有太大问题。

吴冠男　有没有大批招工来人的时候？

吴明显　零星的有。

吴冠男　咱们队最开始就在这里吗？

吴明显　开始在桦林，林口，不在这儿，开始为了多一些野外津贴，照顾收入，就在铁路外面安置，后来照顾职工子女就住在城市附近了。钻探的家属都带到野外，在大队就生活方便，好一些。

2016 年 8 月 13 日于牡丹江市爱民区

企业介绍

东北黄金地质勘探公司第二勘探队：现名为黑龙江省有色金属地质勘查七〇二队，位于牡丹江市江南经济技术开发区，隶属黑龙江省有色金属地质勘查局，是以矿产资源勘查为主的地质勘查队伍。

42

吕殿恒

工匠逆袭工程师的职业挑战与报亲恩的甜蜜负担

人物介绍

吕殿恒，1939年生，原哈尔滨焊接研究所工人、技师、工程师，《焊接》杂志高级编辑、高级工程师，1988年黑龙江科技刊物优秀编辑工作者。

我是 AB 血型，有点儿两面性，我既有工人的基因也有知识分子的基因。我喜欢工人的性格，直爽，但在真理的追求上我倾向于知识分子，我有不懂的就去查，我也不愿意去听人交流。

我焊工的身份，出来是高工，我很高兴。

我后来把母亲接过来，但是并不如愿，没法照顾她，我的负担重到想自杀。

环境是首要的，社会条件就是这样，工作做上了以后就会有感情，做上就爱上了，虽然我一开始都不知道焊条是啥。儒家的信念教育是有意义的，有道理的。中国社会有中国社会的传统。我希望我们的教育应该讲这些。

我是一个学习型的人，不是想当老师，但社会在发展，给了我们拓展自己能力的机会。我一辈子低调，当我工作取得成绩的时候我就会有成就感、价值感。

编者絮语

生产关系中的阶层壁垒在某些时候、某些人身上可以被打破，而他们，除了具有一定的历史机遇，也一定有常人没有的特质。

访谈内容

吴冠男 吕师傅，您好！作为从小在哈尔滨长大的东北老工业人，作为东北老工业建设历史的亲历者，尤其是从工人出身到破格晋升高级工程师，你的故事本身就是一部励志史，请您给我们讲讲您的历史和故事。

吕殿恒 我 1939 年出生在山东。我出生以前，我父亲闯关东来到东北，在富锦经商，我 6 岁随父亲来到东北，我母亲却没有来。我姥爷是一个恋家的人，不肯离开山东老家，我母亲万难之下选择了留在山东照顾姥爷。我 11 岁（老辈人一般习惯用虚岁，实际是 1949 年）来哈尔滨上的小学，哈尔滨花园小学，我们那时候在马家街，省委机关也在那儿。小学一年级学习第一课：一个人。那时候还没有拼音。我 1949 年上小学，我们小学同学里大家年龄不一，刚解放不久，很多像我一样年龄很大了才来上学，我记得我班有女生小学毕业就结婚了。学校的教育也很传统，我到 19 中上的中学，中学毕业的时候，我去考了建成厂招工，因为是按照入伍的标准，我体检不合格，没有被录取。我同学告诉我说哈工大招工，我拿着毕业证就去了，毕业证反面就是成绩，5 分制。那时候的一机部机械科学研究院，下设焊接研究所，是和哈工大共建的。就在哈工大的机械楼，机械工厂就有他们的实验室，1956 年筹建的。哈工大的毕业生要做实验，需要实验员，要招工 60 多人，体检不像建成厂那么严格，我就被录用了。当工人体力劳动，不论是谁都不觉得累，比较能吃苦。条件很困难，吃饭都成问题，但是搞超声波技术，搞炉子改造，就好比做饭的管道上管子的设计，气体从不同方向来使火更大些。那时候工作经常到半夜，经常加班，我们所长是个转业军官，有一次看见我加班累得不行，就说，你回家睡觉吧。我说我还没做完，所长就找了个技术员替我，我们领导爱才，是个好领导。后来他调走了，大家含眼泪送他。一起来的 60 多人中有一部分人去了北京机械研究院，大约 30 人。我也想去，但是我有一个毛病，就是有点儿口吃，正好上海一个矫治机构来哈尔滨，在三道街那个地方，我就没有去北京。领导说正好有个老焊工，你跟着学焊工吧。师傅是山东的一个保密厂调来的，技术好。1958 年的时候，我 22 块 5 实验员工资，给我工资降到 8 块 5，工人的工资。学徒了三年，两年就调离了，到焊接所的加工厂。我出徒了，技术还挺好，一级工 33 块，后来又到 38 块 5，基本和正式相差不多。后来到了课题组，搞铸铁不锈钢，切割的时候加溶剂，可以燃烧，好切割。焊接属于化学材料工业，焊接所是双重隶属。焊条研究出来后，去焊条厂推广。工艺焊丝成分是什么，药是什么成分，都是无偿的推广，一机部给下科研经费。根据上边的课题组成的课题组，一般是两三年的课题。我上了业余高中，晚上去上课，下了班去食堂买一点儿吃的，一边走一边吃，在哈工大的机械楼读夜校。我自己一个人，我妈妈在山东，也是一个人，我想把我妈妈接来，平时我也能省下好多粮票，给我妈妈。我们夜校学数理化，人不少，哈工大的实验员都在学习。夜大的老师也都是工大的老师，住在宿舍。1960年焊接所在闫家岗买了地，找人种地。秋收的时候，也需要人手，雇的农工领着我们干农活儿，粮食也能补助补助单位。我年年去就耽误了夜大的课程，很可惜啊，也没办法，所以我是大学没毕业的。我基本的想法就是努力，我爸给我的零钱我都买书了，我爸给我找了一个后妈，我不愿意在家里待着，就去南岗新华书店，蹭书看，那时候就看过巴金的书：《家》《春》《秋》。父亲总让我做家务。我总看书，我自己工作以后也喜欢买书看，我买书总买样本，书店员工开玩笑说，买样本的先生又来了。便宜啊！这样直到1983年我都是在焊接材料研究室当焊接技师。1983—1999年，我到焊接研究所的杂志社当编辑，审理编辑各种焊接方面的论文稿件、研究报告，1999年我退休了。我的经历很平凡。

吴冠男　我听说焦裕禄也曾经在哈工大夜大学习过。你们上夜大需要考试吗？一起上夜大的人多吗？

吕殿恒　需要考试，人也不少，我们单位一起去的就有五六个。晚上去一点儿也不影响工作。

吴冠男　您从一个焊接工人到编辑专业期刊，这个应当是很大的进步吧？

吕殿恒　我自学了大学焊接的专业知识，包括冶金基础。焊接会产生熔池，其实就是冶金。一开始学氧气切割时，师傅问我会不会盘腿。城市人不会盘腿，会盘腿才会蹲，焊工需要蹲，习惯蹲，不漏缝，才能切割出直缝来，因为手是稳的。后来我自己编了本书，我们刊物是一个人办一期，我办的一期就让部里评了奖，获得全国技术刊物三等奖。后来我评的高级工程师。

吴冠男　您从一个工人成长为一个技术人员知识分子，您更愿意把自己定位成一个工人还是知识分子？

吕殿恒　我是AB血型，有点儿两面性，我既有工人的基因也有知识分子的基因。我喜欢工人的性格，直爽，但在真理的追求上我倾向于知识分子，我有不懂的就去查，我也不愿意去听人交流。

吴冠男　您很向往知识，只是条件所限没有机会一直读书。

吕殿恒　人应当有知识，我也不去崇拜高知。我们单位知识分子比例比较大，以焊接人员为主，其他的少一些。对于我自己，我认为离开课题组到编辑部是一种提升，我在编辑刊物的时候有权利去挑选稿件，我们是全国的稿件。我是从我的角度理解稿件，解决叙述不清楚的问题，我觉得这些都得益于我喜欢看书。我退休以后，有一个报社请我，我还做了10年的刊物校对。当编辑的时候，有技术问题需要和作者交流，一般稿件专家审阅，和专家沟通，所里专家和国内外专家一起沟通，挺值得的。我焊工的身份，出来是高工，我很高兴。

吴冠男 您从技师到高工，待遇提高了不少吧？

吕殿恒 涨工资是看谁做得好，但也不全是。有一次涨工资没有我，强调的方面不一样，不是我没有好好工作，我当绿叶了。编辑部的时候待遇稍微好一些。退休以后，待遇好多了。后来杂志社改革，体制变了，1999年还是事业单位性质。

吴冠男 你们做期刊，技术进步的来源多吗？

吕殿恒 信息资源来源丰富，从生产第一线来的稿件、动态、各个地方的资料，国外的刊物上还有一大部分。我们有情报室，好几个翻译，信息来源好一些，可以翻译国外的焊接方面的东西。

吴冠男 那个年代工作和家庭如何兼顾？

吕殿恒 夫妻双方得牺牲一个（人的工作精力）。我的那个大孩子，从小患脑膜炎，后遗症因为压迫神经，基本是脑瘫，现在和我们一起生活。我老伴儿学针灸，剪纸，剪十二属相。我们得安排、寻找生活的乐趣，我理解，需要我们自己生活得好，才能更好地支撑孩子。老年报的记者曾经采访过我，是因为我学习书法、诗词，订一份老年报，我们去参加报社讲座，领孩子去参加，被注意到了，一个叫祁红的记者注意到我了。工作后期我把母亲接过来，但是并不如愿，我忙没法照顾她，我的负担重到想自杀。

吴冠男 如果还有重来一次的机会，您还会选择焊接工作作为自己的事业吗？

吕殿恒 我想决定这个的是环境，环境是首要的，社会条件就是这样，工作做上了以后就会有感情，做上就爱上了，虽然我一开始都不知道焊条是啥。儒家的信念教育是有意义的，有道理的。中国社会有中国社会的传统。我希望我们的教育应该讲这些。

吴冠男 您觉得自己的信仰是怎样的？

吕殿恒 我是一个学习型的人，不是想当老师，但社会在发展，给了我们拓展自己能力的机会。我一辈子低调，当我工作取得成绩的时候我就会有成就感、价值感。

2016 年 12 月 20 日于哈尔滨市南岗区

企业介绍

哈尔滨焊接研究所：1956年11月，哈尔滨工业大学成立焊接工艺研究所筹备处，办公地点设在哈尔滨工业大学机械楼内，归第一机械工业部工艺与生产组织研究院和哈尔滨工业大学双重领导。1958年6月，撤销筹备处建立哈尔滨焊接研究所，1961年脱离哈尔滨工业大学领导关系，1965年7月，研究所改名为机械科学研究院哈尔滨焊接研究所。它曾是我国唯一专门从事焊接研究的专业研究所。

43

关书凯

生我养我的土地，
我把一生美好都给你

人物介绍

关书凯，1946年生，原阿城仪表厂工艺设计员。

我家就是这里的，我是土著，我是满族，城南菜市门外红旗屯的，离城门2里地。我1946年生在红旗屯，1964年高考，8月23日接到录取通知书，这是一个节点。虽然经过这么多年，我都记得。

我一开始到装置车间，我想，干活儿还行，我身体还可以，但是设计能行吗？领导说你是老高中生，底子行，你看某某，也是，还是学外语的呢，老师带一带都可以，不是很难的。但是得有物理、电学基础。

编者絮语

阿城仪表厂位于"金源文化"发祥地——古城阿城郊区，作为一个军工起家的企业，有过辉煌，历经分分合合，南迁北迁，如今同许多企业一样，走上改组改制重振发展的道路。但是，这些老企业出产品、出人才、出经验，先后援建了哈尔滨电表仪器厂、许昌继电器厂、上海继电器厂等企业。企业办社会、办学校、办医院，承担了一方社会责任。整个采访过程充斥着对芳华年代怀旧的感伤。

以下文本根据叙述者语言习惯，将阿城仪表厂简称为阿继。

访谈内容

吴冠男　老先生，您好！给我讲讲您在阿继工作的故事。

关书凯　我今年74岁，宁安师专毕业。宁安师专是1964年从北安师专迁去的，原来多数是农学，但是后来都教了数理化。我毕业到海林教书，后来从海林县调到阿继来的,其实我家原来是阿继这里的。一开始我回阿继就到学校,子弟校,后来继电器研究所迁许昌,很多南方来的职工都愿意过去,相当于回家了,就走了,研究所力量就薄弱了,把有大专学历的调进去了。虽然不是学继电的,但是我们是有电气老底子。

吴冠男 许昌继电器厂是阿继的大三线吧?

关书凯 是。那时候咱们阿继实力雄厚,职工7000人,亚洲最大的继电保护工厂,我听说现在还60多人在生产。电流、电压、电量一有变化,继电就接受变化,中间再接到其他信号,就是这么个用途。我了解这个技术,我搞这个继电器设计。

吴冠男 阿继是部属企业?

关书凯 阿继是一机部的企业。

吴冠男 继电器是磨损件吗?

关书凯 不是,是精密件,都是电厂、变电所用。都在一个屏上,屏有一米八高,一米宽。

(关书凯妻子:1974年我从亚麻厂调来,当时阿继6000多人,机构组织健全,大学生很多。我过来做办公室统计。两个大装配车间,一个车间好几百人,我是金工车间,机械加工的,做继电器零件,到装配组装。)

吴冠男 大学生都是哪里来的?

关书凯 南方,哪儿来的都有。天津大学、湖南大学,等等,其实最对口的是电力。

吴冠男 我看阿继不是在阿城城里啊?

关书凯 不是城里。阿城是古城,"金源文化"发祥地,后来实力也不错,阿城糖厂是中国第一家机制糖厂,还有亚麻厂,等等。

吴冠男 阿继招工都是哪一年?

关书凯 1956年,1958年,1962年也有一批,1969年老三届一起那一批。

▶ 老三届:1966年、1967年、1968年三届初、高中毕业生的合称。

吴冠男 您在阿继工作的时候同事关系怎样?

关书凯 我不是一个争权夺利的人,我和人相处比较平和。

吴冠男 您老家在这儿?

关书凯 我家就是这里的,我是土著,我是满族,城南菜市门外红旗屯的,离城门2里地。我1946年生在红旗屯,1964年高考,8月23日接到录取通知书，这是一个节点。虽然经过这么多年，我都记得。

吴冠男　您祖辈都是在这儿？

关书凯　张广才岭，半农耕半渔猎，1952年以前这里自然资源丰富，环境很好的。

吴冠男　您是满族？

关书凯　肃慎，挹娄，满族史我了解一些。阿城的满族联谊会是我张罗（组织）的，于是我就当了几届联谊会的负责人，你得热爱本民族。这本刊物是哈尔滨社科院主办的，我写的文章。（拿给我看）这儿还有《金源文化》杂志。

（关书凯妻子：我家你大爷是满族史研究、阿继满族联谊会负责人，成立、年会都是他弄的，和哈尔滨的联谊会都有联系，统战部同意的，民族宗教局办的。以前可能写了，写满族史，投了不少稿子，现在小脑萎缩，反应慢了。）

吴冠男　我也是少数民族，我是锡伯族的。

关书凯　那我们其实是一家人。那都是通古斯语系，其实也都是满族。

吴冠男　您在阿继设计工作做什么？

关书凯　不是原理设计，是原图改为工艺图，配建安装，控制屏安仪表，都得看工艺图，编工艺流程都得设计出来。有的工人看不懂，老问你，其实很简单，但是要我们设计出图编制。

吴冠男　工人有没有培训啊？

关书凯　有，工人要先到技校学习培训。

吴冠男　技校出来看不懂图纸吗？

关书凯　有的能，一半能，少数原理图能看懂点儿，一个学校出来的，人与人之间也有差距。

吴冠男　大学生多还是中专生多？

关书凯　中专生多，南方来的不愿意待啊，主要是嫌气候太冷。有一个北京机电学院1965年毕业生，我寝室的，冬天脚都冻了，我们虽然暖气很热，但是他们不穿棉鞋。那些年也是冷。

吴冠男　中专生哪里的多？

关书凯　哈尔滨机电学校，后来合并哈尔滨理工大学了，能占三分之二。其实最对口哈尔滨电力学校，但是来的很少。我们的产品是电力系统出毛病了给发信号，绝对对口不好找，带电就行了。

吴冠男　您刚来的时候一个月挣多少钱？

关书凯　39 块，工人 38 块 6，等 1968 年才给转正，一个月 48 块，按照工艺员待遇，中专的少一点儿，本科生一个月给 56 块。

吴冠男　阿继是什么时候从一机部出来的？

关书凯　70 年代末吧，出来给省一机局代管。

吴冠男　你们看的原图是什么样的？

关书凯　情报室翻译过来的。

吴冠男　设计室这里有多少职工？

关书凯　30 多人，中专生占三分之二。改行的很少，都是专业出身。

吴冠男　那您可是改行的？

关书凯　我一开始到装置车间，我想，干活儿还行，我身体还可以，但是设计能行吗？领导说你是老高中生，底子行，你看某某，也是，还是学外语的呢，老师带一带都可以，不是很难的。但是得有物理、电学基础。

吴冠男　您高中时候的老师是哪里的？

关书凯　都是南方的，继电器子弟校都是企办的，独立的。

吴冠男　您觉得设计工作有困难吗？

关书凯　我毕竟是老高中毕业生，一开始有困难。我们上学的时候是和全省竞争，我分数还可以的。工科不好考的，没敢报，我们考的理科，语文什么的我都很好的，专心学习，专心就学得快了，而且这是工作啊，是饭碗啊！技术高的人能看出来原理图哪里有问题。我曾经有（设计）一面柜，是 82 面屏，是给湖南一个电厂配套，我们设计员都跟着去现场，调试。有一次一个信号继电器端子设计反了，调试不成功，我到那儿一看，是我设计错了，端子接错了，我当时就改了，校验以后才能出合格证的。我去湖南，那里人觉得我的设计图质量挺高。

吴冠男　湖南是直接来要产品还是订货会订购的？

关书凯　湖南是自己来的。基本都能满足，仪表的壳我们也都是采购哈尔滨电表仪器厂的。

▶ 订货会：计划经济时代，企业产品销售和资源调拨及汇总生产任务的基本形式。

吴冠男　绝缘件是外购的吗？

关书凯　是外购的，虽然校验工校验都是 36 伏的，但是老校验工都不碰非绝缘的。工科要严格，要是错了，要给电厂带来损失的。

吴冠男　工厂援建的三线厂规模有多大？

关书凯　援建当时去了 400 多人。

吴冠男　电气产品是国家定价还是工厂定价？

关书凯　国家定价，我们得执行。

吴冠男　品种和规格那么多，如何定？

关书凯　给个大致范围。

吴冠男　主要生产车间，机加冲压，做零件，装置装配，装置是继电器的，装配屏都是苏联工艺？

关书凯　是，1964年之后自己定了一些工艺和流程。

吴冠男　1949年以前的继电器是哪里生产的？那时候也有电厂啊！

关书凯　应该是进口的。

吴冠男　你们有苏联代培的技术人员吗？

关书凯　有，好几个领导都是，老工程技术人员有一半是留过苏的。没有它（苏联）的帮助我们不能发展这么快。

吴冠男　当时阿继产品的技术是比较领先的吗？

关书凯　比较领先，和美国不相上下，中国人脑瓜聪明，学习人家很快的。

吴冠男　装配车间自动化程度高吗？

关书凯　手工多。安装车间女工多，女工生产都是小件，机加、动力等车间男的多。

吴冠男　设计工作倒班吗？

关书凯　设计一般不倒班，有时候加班。

吴冠男　您上学时候对阿继什么印象？

关书凯　挺神秘。那时候刚建厂我们学校领着来参观，我一看真先进，真好。

吴冠男　阿继有没有发生过大的生产事故？

关书凯　没有，管理比较严谨，别的没有什么危险因素，就是冲床，其他的调试都是36伏以下的。

吴冠男　有没有强电用的产品？

关书凯　强电的继电器这儿也是弱电。工作电压110伏。

吴冠男　那些早年的大学毕业生工作能力怎样？

关书凯　强，好！人家工作很认真，道德水准也很高。

吴冠男　中专生工作能力怎样？

关书凯　还行，但是和大学生比还是差一些。我们和哈尔滨相比，待遇差一些，毕业生还是不愿意来。

吴冠男　协同工作密集的地方会不会出现窝工的现象？

关书凯　设计这儿也是有流程的，不同级别和阶段都需要负责人审核签字的，否则设计到了生产车间容易酿出大错。任务是组长分配的，不是自选的，设计员没有自己选择的余地。严格的流程谈不上窝工。

吴冠男　您和一线生产工人关系怎样？

关书凯　很好，不错的。

吴冠男　您来设计组给您实习多久？

关书凯　一个月。干不了就要被送回人事科啊！

吴冠男　同事之间会帮忙吗？

关书凯　有，少。

吴冠男　有没有想过工作收入和付出不匹配？

关书凯　不敢这么想，那时候生活凭票买粮，苞米面一斤五分八。

吴冠男　您工作上的信仰是什么？

关书凯　一定认真，尽量别出错。

吴冠男　感谢您接受我的采访！

2017年10月24日于哈尔滨市阿城区

企业介绍

阿城仪表厂：原是东北军工部直属二厂，厂址在黑龙江省密山市（时称东安市），创建于1946年8月15日，是以生产军事通信设备、有线电话、收发报机信号弹等为主的保密兵工厂，为解放战争提供战争装备。1948年11月东北解放，工厂迁到沈阳，合并为东北电工局一厂。1950年朝鲜战争爆发后，北迁到黑龙江阿城，后专事生产仪表、继电器，1953年改名阿城仪表厂。1954年，国民经济"一五"计划时期苏联援助的重点工程项目之一——哈尔滨电表仪器厂项目由阿城仪表厂筹建。后经苏联专家建议和研究决定，哈尔滨电表仪器厂选址哈尔滨市沙曼屯，电表仪器部分放在哈尔滨电表仪器厂，阿城仪表厂部分职工调到哈尔滨电表仪器厂，阿城仪表厂专事生产继电器，并将苏援继电器部分技术资料、专家投入阿城仪表厂。1957年阿城仪表厂改名为阿城继电器厂，1958年该厂已经能够生产65种产品，结束了中国继电保护产品依赖进口的历史。

43

关书凯

生我养我的土地，我把一生美好都给你

参考文献

［1］周玉玲.黑土上的中国——我国第一个大型现代化国营农场友谊农场史脉［M］.哈尔滨：黑龙江人民出版社，2014.

［2］孙瑞鹤.油城纪实：见证大庆油田开发辉煌50年［M］.哈尔滨：黑龙江人民出版社，2010.

［3］大庆油田有限责任公司.大庆油田建设五十年［M］.北京：石油工业出版社，2011.

［4］哈尔滨锅炉厂有限责任公司.哈锅电站锅炉技术发展史［M］.哈尔滨：内部出版，2016.

［5］黄振孝.鹤岗矿务局志［M］.鹤岗：内部出版，1986.

［6］哈尔滨轴承厂.哈尔滨轴承厂史志［M］.哈尔滨：内部出版，1990.

［7］哈尔滨轴承集团公司.哈轴史志（1986—2005）［M］.哈尔滨：内部出版，2006.

注：

企业介绍中部分数据来源于各企业单位网站。本书涉及的企业单位有：哈尔滨电机厂、哈尔滨锅炉厂、哈尔滨汽轮机厂、哈尔滨101厂、122厂、120厂、哈尔滨轴承厂、哈尔滨电表仪器厂、中国第一重型机器厂、北满钢厂、佳木斯造纸厂、友谊农场、哈尔滨建成机械厂、宝清县林业局头道岗林场、齐齐哈尔榆树屯化工厂、大庆油田、东北黄金地质勘探公司第二勘探队、哈尔滨焊接研究所、阿城仪表厂。

后　记

我从小生活在工厂区，一家子人都是工厂职工，这个工厂是中国国民经济"一五"计划时期苏联援助的重点工程项目之一，是荒原上兴建起的集生产生活于一体的工业区，是人员密集、生产关系和社会关系交织的大社区。我的家庭成员里有工厂的干部、技术员、工人，厂办学校的教师，我的邻居、同学及他们的各自家庭成员也有着紧密的工作和生活联系。在那个人口密集的熟人社会、社会生活关系借由生产关系紧密联系在一起的，同时又比较早完成了城镇化的典型地带，在那个高度集中的计划体制环境和大投资、人才、福利政策下迅速工业化的一个缩影时间里，我的视野、生活和思考方式都不可避免地受到影响。后来我离开这里，才逐渐注意到这种重化工业城市和那些一般消费城市有多少不同，和那些远离大投资的乡村有多少不同，而这里给予我的这些影响和人脉资源，成为我记录工业建设口述史独有的优势。

自1948年起近50年东北工业投资浪潮构建了一个相对完整又独特的民族志。需要通过亲历者自述的关于工业化过程的问题有很多，这些问题有助于我们对文献史和技术发展史进行理解。比如，中华人民共和国成立前后工业化建设是如何快速展开的？生产计划是如何制定和逐级下达的，又是如何保障完成的？工业生产中各个阶层是如何相互联结的？技术改造和技术进步的动力在哪里？对于工艺的技术改进更多，还是对装备的技术改进更多？计划体制下人力资源和生产要素如何组织和流动？等等。在老工业基地建设的背景下，不仅要描述工业建设史或技术发展史的客观方面，也应当考察其主观方面。相比较技术发展的规模和成果，口述史更加着眼于人在技术发展和工业建设中的活动，通过人的活动展现工业发展史、社会变迁史，以及工业中技术发展对人的影响和改变，口述史是看重人——尤其是大量人群的主观感受的，是带温度的历史，能反映时代叙事下生命悸动和内心冲突，从而可以进行细部观察、比较在个案之间进行甄别的历史。这种历史形成对文献史的补充，这种历史比想象要近。

同时，我的口述史也不同于一般的自述人物传记和地方口述史，而是有特质的人群和鲜明的主题。整个访谈共涉及黑龙江19个建成单位的45位老工业人，他们都是早年老工业基地建设的亲历者。主题上围绕20世纪黑龙江工业建设展开。我们对口述人其他经历和过往行为的关心只是为了对其在工业生产活动中的行为做个注脚。我在口述访谈中始终注意的一个问题，就是个人过往经历始终只能作为行动的说明，而不能成为主要内容，主题上紧紧围绕工厂建设与工业生产这方面展开，否则会陷入一般的个人传记中去，难以突出其社会学意义，又漫无边际。作为课题的口述史，质性研究中应当有针对性的深度提问，从而反映一定的社会学研究主旨。

从概念界定上来看，我这里所指的老工业人都是亲历中国工业建设并现已离休或退休的老干部、老工人、老技术人员。工厂中的知识分子一般都是工程技术人员，这里有时会混用这两个概念，指代大中专毕业的技术干部。还有一类通过学历教育或培训由工人"提干"的技术干部，由于分析的需要，暂且不包含在内。

这里的老工业基地涉及的生产建设单位包含国家重点建设项目、军工企业、地方企业，以及林、油等能源企业；地域上包含哈尔滨、齐齐哈尔、牡丹江、佳木斯、大庆、伊春。从产业链看，有农、林、地、矿、油、重化工业，军事工业，装备制造业，轻工业及工业科研单位。军事工业因为涉密多，且垂直体制性强，没有做过多考虑。涉及范围从一开始的国家重点工程逐渐扩展到其他企业，争取在工业要素构成上都有一定的代表。

早期文献中也会使用"企业"一词，一般在项目建设中用"建成单位"这一概念，这里的工厂、企业、建成单位指代同一概念。很多工厂早期是保密单位，且半个世纪内更名者众，在这里以中华人民共和国成立以后在现有城市新建或组建时的第一定名为准。早期工厂中一般使用"技术革新""技术改造"等概念代替"研发""技术进步"等，区别只是用词的时代环境不同。遵从口语习惯，很多地方做了简化，如"20世纪50年代"，因整体叙事为20世纪，故均简化为"50年代"，以求得口述的效果；再如，口述人普遍习惯用"解放前"表达"中华人民共和国成立以前"，这些地方都保留了口述人的用法。

然而，口述形式的历史是不容易的。很多人都有遗忘过去的倾向，尤其是那些痛苦的或者涉及隐私的过去，他们会扔掉刻有历史印记的东西，甚至刻意回避历史，这种选择性遗忘容易美化人生，从而形成说服自己余生存在和行动的支持性力量。有的对记忆的总体认识又容易丢失细节，丢失当事人在当时当地情境下的思考和选择。这两种情况都造成口述采访的困难，有的当事人不愿意回忆过去，有的愿意回忆但是不愿意把回忆公开，有的对事件的评价过于泛泛。这时候语言的真实性就受到影响，从而对分析信度形成影响。人们对某些共同记忆容易形成广泛一致的评价，而过于广泛的一致反而显得不真实。

　　口述中的另一些问题也引起我的兴趣。在回忆中人们对于事件的发生时间通常比事件本身要模糊，但是，他又是如何确定事件的时间的呢？如果说家庭妇女的断界标志是"那一年我孩子几岁"，工人对于历史事件的时间标志是"那一年我工资是几十几元钱"。然后，根据工资对应的级别，如同妇女根据孩子的年龄一样去确定那个事件的年份。对话的结构通常是这样的，"那是哪一年的事情？""那年我工资是……应该是……年"。从1956年工资改革开始，除极少数特殊津贴外，同级别工资发放数额高度统一且极其稳定。这样，工资数额成了划分事件的时间依据，就像"二战"中的美国士兵把供应量稳定的香烟作为战地货币一样。

　　口述主要采用自述与问答相结合的半结构化形式，个别自述能力强又叙述连贯的，采用了自述的形式，以防切断其逻辑性，给人以更深的阅读感受。两种形式相结合的半结构化访谈，既能拓宽展现人物丰富的过往经历，又能针对工业建设史这一主题展开询问。

　　一直以来，我试图使我的文字带有一种情绪，或者一种气质，尽管这是一个社会学课题的访谈，但我想口述史之所以离读者更近，也许就是因为这种隐喻其中的情绪和气质，丰富了它的可读性。我无意猜测读者有着怎样的理解，但我想我不能用我的理解局限读者。因此，要尽可能保留采访过程的原貌。同时，本着对被访者的人文关怀，我反对那种逼问、掠夺式的访谈——那会对被访人造成无形的心理伤害，毕竟，回忆，尤其是那种自揭伤疤式的反思很多时候是痛苦的。有些受访者对于自己的隐私比较关注，因此，有些地方我们做了处理，包括个别人物用了化名。对于工业史中的军工涉密也做了处理。

　　让我感动的是，为了讲好中国故事，这些老工业人再次做出了他们的贡献。

吴冠男
2018年4月于哈尔滨